作りおきでおいしい 日替わり弁当

藤井 恵

日本文芸社

この本のお弁当の基本パターン

　娘たちのお弁当を作りはじめて、もう15年が経ちます。毎日、毎日のお弁当作りは本当に大変!
　そこで、いつの頃からか、わが家ではお弁当のパターンを決めることにしました。その基本パターンがこれ。

主食＋主菜＋副菜＋卵のおかず

パターンが決まれば、時間がない朝にあれこれ頭を悩ませることもありません。
　主菜は保存可能で、いろいろな味にアレンジ可能なものを多めに作り、冷蔵庫または冷凍庫にストック。当日の朝は調味料をからめて電子レンジで再加熱するだけ。たくさんのおかずを作りおきしなくても、毎日違う味を楽しめます。この本では、**1つのストックを4～6レシピにアレンジできる**レシピにして8種類紹介しました。これなら1つの作りおきで1週間のりきることもできます。再加熱には傷みを防ぐ役目もあるんですよ。
　副菜も多めに作り、冷蔵庫にストックしておきます。朝、そのまま詰められるものを。緑色のおかずなら彩りにもなり、一石二鳥ですね。
　毎日でも入れたいのが、卵のおかず。卵は火の通りが早いので、お弁当向きの素材です。しかも、栄養満点、彩りにもなる！と、いいことづくし。中に入れる具を変えれば、毎日だって飽きません。
　ラクして、おいしく！にとことんこだわったお弁当はこうして完成しました。参考にしていただけるとうれしく思います。

　　　　　　　　　　　　　　藤井　恵

◯ 主食

ごはんやパンなどの炭水化物。おかずに合わせて、またはその日の気分で選びます。

当日の朝作る
卵のおかず

卵焼きやいり卵、ときにはゆで卵も。時間がたつと水けが出てしまうので、当日の朝作ります。黄色が鮮やかな卵のおかずはすぐ作れるし、栄養満点！毎日必ず入れましょう。
(p.118〜123)

そのまま詰めるだけ
副菜

野菜のおかず。本書の副菜は、多めに作って冷蔵庫で保存しておき、朝詰めるだけ！ 緑のおかずは彩りにもなるので、たくさん紹介しました。主菜と味が重ならないようにするのがポイントです。
緑のサブおかず（p.86〜93）
和のサブおかず（p.94〜99）
洋・中・韓のサブおかず（p.100〜105）

作りおきおかずをアレンジ
主菜

肉や魚のおかず。本書では、いろいろな味にアレンジ可能な作りおきおかずを8種類紹介。朝、レンジで再加熱するときに、または加熱後に、調味料をからめて味に変化をつけます。
(p.10〜83)

CONTENTS

この本のお弁当の基本パターン 2
ラクしておいしく！ 作りおき弁当のここが便利 6
朝のタイムテーブル 8

Part1　作りおき主菜とお弁当

作りおき1　シンプルハンバーグ　11
ケチャップソース味ハンバーグ弁当　13
照り焼きハンバーグ弁当　16
肉だんごのオイスターソース炒め弁当　16
チーズハンバーグ弁当　17
なめたけバター味ハンバーグ弁当　19
ハンバーガー弁当　19

作りおき2　鶏肉の塩から揚げ　21
から揚げ塩こしょう味弁当　23
えびマヨから揚げ弁当　26
ゆかりから揚げ弁当　27
チキン南蛮弁当　27
酢鶏弁当　29
タンドリーチキン弁当　29

作りおき3　豚肉のしょうが風味焼き　31
豚肉のしょうが焼き弁当　33
韓国風のり巻き弁当　35
豚肉とにんじんのサンドイッチ弁当　37
ポークチャップ弁当　37

作りおき4　牛肉のしょうが煮　39
牛丼弁当　41
ビーフストロガノフ弁当　44
牛肉とかぼちゃのサラダ弁当　45
ビビンパ弁当　45
チンジャオロースー弁当　47
アスパラガスの牛肉巻き弁当　47

作りおき5　鶏そぼろ　49
三色弁当　51
キャベツのそぼろ炒め弁当　54
そぼろの和風オムレツ弁当　55
かぼちゃのそぼろ煮弁当　55

ミートソースパスタ弁当　57
ドライカレー弁当　57

作りおき6　えびフライ　59
えびフライ弁当　61
めんつゆソース味のえびフライ弁当　63
えびフライのり巻き弁当　63
ピリ辛ケチャップ味のえびフライ弁当　65

作りおき7　甘塩鮭焼き　67
鮭の南蛮漬け弁当　69
鮭のちらし寿司弁当　71
鮭のチーズ焼き弁当　73
鮭のみりん干し風弁当　73

作りおき8　かじきのワイン蒸し　75
かじきのサラダ弁当　77
かじきの照り焼き弁当　80
かじきのカレーマヨあえ弁当　81
かじきのチリソース煮弁当　81
かじきとチンゲン菜のパスタ弁当　83
かじきのトマト煮弁当　83

Part2　作りおき副菜

緑のサブおかず
ピーマンの当座煮／いんげんのごまあえ　86
アスパラガスの漬け物／セロリの漬け物　87
ほうれん草のナムル／枝豆の高菜風味　88
キャベツのゆかりあえ／ブロッコリーのカレー蒸し　89
アスパラのピーナッツ炒め／ししとうのごま炒め　90
枝豆のしょうゆ漬け／小松菜と油揚げのいり煮　91
絹さやの塩びたし／ピーマンの塩おかか煮　92
いんげんのゆかりあえ／コールスロー　93

和のサブおかず
ひじきの煮物／れんこんの塩きんぴら　94
パプリカの揚げびたし／きんぴらごぼう　95
切り干し大根の煮物／れんこんの揚げびたし　96
なすの揚げびたし／こんにゃくのピリ辛炒め　97
大学いも／しらたきのたらこ煮　98

かぼちゃのレモン煮／長いもとれんこんの梅酢漬け／
大根の塩昆布漬け　99

洋・中・韓のサブおかず
ミックスピクルス／ポテトサラダ　100
きのこのマリネ／春雨サラダ　101
ミックスナムル／にんじんサラダ　102
マカロニサラダ／ミックスビーンズのマリネ　103
チャプチェ／かぼちゃのサラダ　104
赤玉ねぎのピクルス／ごぼうのマヨサラダ／
大根の中華風漬け物　105

手作りふりかけ
にんじんとたらこのふりかけ／
青菜とじゃこのふりかけ　106
おかかふりかけ／
ひじきとカリカリ梅のしそ風味ふりかけ　107

Part 3　のりきり弁当
じゃこと大豆の炊き込みごはん弁当　111
あり合わせチャーハン弁当　113
うどんのナポリタン風弁当　115
フレンチトースト弁当　117

卵のおかずの基本　118
卵のおかずカタログ　120
1カ月のお弁当カレンダー　124
お弁当のここが知りたい！Q&A　126

お弁当便利帳
①おいしく安心に詰めるコツ　84
②同じおかずでお弁当の印象を変える詰め方　108

○ 保存期間はあくまでも目安です。冷蔵庫の開閉の頻度や保存環境によっても違います。
○ 小さじ1＝5ml、大さじ1＝15ml、1カップ＝200ml、1合＝180mlです。
○ 火加減は特に指示がない限り、中火です。
○ 電子レンジは600Wのものが基準です。
　500Wの場合は加熱時間を1.2倍に、700Wなら0.8倍を目安に加減してください。メーカーや機種によっても差異があります。
○ 塩、しょうゆなどの「少々」は親指と人さし指2本の指先で、「1つまみ」は中指を加えた3本の指先で軽くつまんだくらいの量です。
○ ことわりのない限り、しょうゆは濃口しょうゆ、小麦粉は薄力粉、みそは好みのみそのことです。
○ 材料の「だし」は、削り節、昆布、煮干しなどでとったものか、市販の和風だしの素を表示通りに薄めたものです。
○ フライパンはフッ素樹脂加工のものを使用。鉄のフライパンのときは油を少し多めに引いてください。
○ レシピ上、野菜の「洗う」「皮をむく」などの作業は省略してあります。その作業をしてから調理に入ってください。

作りおき1
シンプルハンバーグ

みんなが大好きなハンバーグ。いつもよりもパン粉を多めに加えると、時間がたってもやわらかさをキープできます。見た目にも変化がつくよう、いろいろな形に丸めておいて。

材料（5～6食分）
あいびき肉……300g
玉ねぎのみじん切り……1/2個分
A ┌ パン粉……1カップ
　├ 卵……1個
　├ 塩……小さじ1/2
　└ こしょう……少々
バター……10g
サラダ油……大さじ1

保存
冷蔵3日
冷凍2週間

作り方
❶ フライパンにバターを溶かし、玉ねぎを弱火でじっくり炒める。しんなりしたらバットなどに移し、冷ます。
❷ ボウルに①、Aを入れて混ぜ、ひき肉を加えてよく練り混ぜる。空気を抜くようにたたきつけ、小判形や、ボール形など、好みの形に丸める。
❸ フライパンに油を熱して②を並べ、強火で焼き、こんがりと色づいたら弱火にして4～5分焼く。返して裏面も強火で焼き、こんがりと焼き色がついたらフタをして弱火で4～5分蒸し焼きにする。中まで火が通ったら焼き上がり。
❹ バットなどに移し、冷めたら保存容器や保存袋に入れて冷蔵庫または冷凍庫で保存。

冷凍保存するときは…
冷めてから保存袋に入れる。

POINT
いつもよりパン粉を多めに加えると、時間がたってもかたくなりにくく、しっとりジューシー。

こんなお弁当にアレンジ

→ p.13

→ p.16

→ p.16

→ p.17

→ p.19

→ p.19

照り焼きハンバーグ (作り方 p.16)

肉だんごのオイスターソース炒め (作り方 p.16)

チーズハンバーグ（作り方p.17）

作りおき2
鶏肉の塩から揚げ

下味に練りがらしを加え、うまみをアップさせた塩味のから揚げ。ストックするときは、ごま油と卵をからめてから粉をまぶします。表面がガードされ、レンジ加熱してもかたくなりにくいのです。

材料（5〜6食分）
鶏もも肉……2枚（約500g）
A｜塩……小さじ1/3
　｜酒……大さじ1
　｜練りがらし……大さじ2
ごま油……大さじ1
卵……1個
B｜かたくり粉……大さじ2
　｜小麦粉……大さじ2
揚げ油……適量

作り方
❶ 鶏もも肉は余分な脂や筋をとり除き、ひと口大に切る（1枚を約15等分）。
❷ ①にAをもみこみ、ごま油、溶きほぐした卵の順に全体にからめる。Bを加え、全体に混ぜる。
❸ 揚げ油を170℃に熱し、②を一度に入れて4〜5分揚げる。途中で上下を返し、全体がこんがりとしたらひき上げ、油をきる。
❹ 粗熱がとれたら、保存容器や袋に入れて冷蔵庫または冷凍庫で保存する。

保存
冷蔵3日
冷凍2週間

POINT
下味をつけた肉にごま油、卵を順にからめ、肉の表面をコーティングする。やわらかさキープのコツ。

こんなお弁当にアレンジ

→ p.23

→ p.26

→ p.27

→ p.27

→ p.29

→ p.29

えびマヨから揚げ (作り方 p.26)

ゆかりから揚げ (作り方 p.27)

チキン南蛮 (作り方 p.27)

酢鶏

タンドリーチキン

鶏肉の塩から揚げアレンジ

酢鶏弁当

甘酸っぱさがおいしい酢豚味のから揚げバージョン
加熱のときにパプリカを加え、さらに野菜度をUPさせます

○ 酢鶏

材料（1人分）
塩から揚げ (p.21)……1食分（約1/6量）
赤パプリカ……1/2個
A│しょうゆ、水……各大さじ1
　│砂糖、酢……各大さじ1/2
　│かたくり粉……小さじ1/3

作り方
1. 赤パプリカはひと口大に切る。
2. ボウルにAを入れてよく混ぜ、から揚げ、①を加え、ラップをふわっとかけて電子レンジで冷蔵なら2分（冷凍なら2分30秒）加熱する。
3. とり出し、よく混ぜる。

○ 枝豆のしょうゆ漬け (p.91)
○ ごはん

○ みそ味卵焼き

材料（1人分）
卵……1個
にんじん……1/4本
A│みそ……小さじ1
　│酒……小さじ1/2
サラダ油……適量

作り方
1. にんじんはラップに包んで電子レンジで1分加熱し、すりおろす。
2. Aを混ぜ、卵、①を加えて溶き混ぜる。
3. p.119を参照し、卵焼きを作る。

⏰ タイムテーブル
ごはんを詰める→酢鶏を作る→卵焼きを作る→冷ます→詰める

タンドリーチキン弁当

おなじみの調味料にしょうが、にんにくを加えて手軽に作るソースが決め手。スパイシーな香りで食欲増進！

○ タンドリーチキン

材料（1人分）
塩から揚げ (p.21)……1食分（約1/6量）
A│マヨネーズ……大さじ1
　│トマトケチャップ……小さじ1
　│カレー粉……小さじ1/2
　│おろししょうが、おろしにんにく……各少々

作り方
1. 耐熱皿にから揚げをのせ、ラップをふわっとかけて電子レンジで冷蔵なら1分（冷凍なら1分30秒）加熱する。
2. とり出して水けをふきとり、混ぜ合わせたAであえる。

○ キャベツのゆかりあえ (p.89)
○ おにぎり（のり、おかか）

○ えのき梅干し卵焼き

材料（1人分）
卵……1個
えのき……1/2袋
梅干し……1/2個
A│だし……大さじ1
　│塩……1つまみ
バター……適量（約5g）

作り方
1. えのきは根元を落とし、1cm幅に切る。梅干しは種を除いてたたく。
2. ボウルにAを混ぜ、卵、①を溶き混ぜる。
3. p.119を参照し、卵焼きを作る。

⏰ タイムテーブル
おにぎりを作る→タンドリーチキンを作る→卵焼きを作る→冷ます→詰める

作りおき 3
豚肉のしょうが風味焼き

しょうが焼きの完成手前の状態でストック！ しょうが焼きはもちろん、ほかの味つけにもしやすくしておきます。下味の酒は多めに振りかけておくと肉がやわらかくなる効果があり、冷めてもおいしいですよ。

材料（5〜6食分）
豚ロース薄切り肉……300g
A ┃ 塩……小さじ1/5
　┃ しょうが汁……大さじ2
　┃ 酒……大さじ2
かたくり粉……大さじ1
サラダ油……大さじ1

作り方
❶ 豚肉にAを順に振りかけ、全体にもみこむ。
❷ ①にかたくり粉をからめる。
❸ フライパンに油を熱し、②を1枚ずつ広げて入れ、両面がこんがりと色づくまで焼く。
❹ バットなどに移し、冷めたら保存容器に入れて冷蔵庫に保存。冷凍する場合は1食分ずつをラップで包み、保存袋に入れてから冷凍庫へ。

保存
冷蔵3日
冷凍2週間

POINT
豚肉にしょうが汁をかけてから、酒を多めに振りかける。

こんなお弁当にアレンジ

→ p.33

→ p.35

→ p.37

→ p.37

豚肉のしょうが焼き

豚肉のしょうが風味焼きアレンジ

豚肉のしょうが焼き弁当

ごはんが進むおかずの決定版といえばこれ！
豪快にドーンとごはんにのっけるのが、おいしい詰め方

🟠 豚肉のしょうが焼き

材料（1人分）
豚肉のしょうが風味焼き(p.31)…1食分（約1/6量）
A｜しょうゆ……小さじ2
　｜砂糖……小さじ1
　｜みりん……小さじ1/2

作り方
❶ 耐熱皿に豚肉のしょうが風味焼きを並べ、Aを振ってよくからめ、ラップをふわっとかけて電子レンジで冷蔵なら2分（冷凍なら2分30秒）加熱する。
❷ とり出し、菜箸でよく混ぜる。

🟡 青のり卵焼き

材料（1人分）
卵……1個
青のり……小さじ1
A｜だし……大さじ1
　｜塩……2つまみ
サラダ油……適量

作り方
❶ ボウルにAを入れて混ぜ、卵、青のりを加えて溶き混ぜる。
❷ p.119を参照し、卵焼きを作る

🔵 マカロニサラダ (p.103)
🟢 ごはん

POINT
加熱後に水分を飛ばすように肉にたれをからめると、照りが出ておいしそうに！

 タイムテーブル
ごはんを詰める→豚肉のしょうが焼きを加熱→卵焼きを作る→冷ます→詰める

韓国風のり巻き

豚肉のしょうが風味焼きアレンジ

韓国風のり巻き弁当

作りおき主菜&副菜を、キムチといっしょにのり巻きにした
韓国風のり巻き＝キンパ風。手づかみでどうぞ

◯◯◯ キンパ風

材料（1人分）
豚肉のしょうが風味焼き(p.31)……1食分（約1/6量）
白菜キムチ……30g
ほうれん草のナムル(p.88)……約1/6量
ごはん……200g
焼きのり……1枚
ごま油……小さじ1
塩……小さじ1/4
いり白ごま……適量

作り方
❶ 耐熱皿に豚肉のしょうが風味焼きをのせ、ラップをふわっとかけて電子レンジで冷蔵なら1分（冷凍なら1分30秒）加熱する。
❷ のりよりもひと回り大きいラップを用意し、のりをのせ、ごま油を塗って塩を振る。のりの向こう3cmを残してごはんを広げ、手前一列に①、キムチ、ほうれん草のナムルをのせ、手前からくるくると巻く。食べやすく切り、のりの表面にごまを振る。

◯ なめたけ卵焼き

材料（1人分）
卵……1個
なめたけ（瓶詰め）……大さじ1
だし……大さじ1
サラダ油……適量

作り方
❶ ボウルにだし、卵、なめたけを入れて溶き混ぜる。
❷ p.119を参照し、卵焼きを作る。

POINT
具は手前に一列に並べる。ラップで巻くから、巻きすがなくても大丈夫。

 タイムテーブル
豚肉のしょうが風味焼きを加熱→卵焼きを作る→冷ます→のり巻きを作る→詰める

豚肉とにんじんのサンドイッチ

ポークチャップ

豚肉のしょうが風味焼きアレンジ

豚肉とにんじんのサンドイッチ弁当

サブおかずの「にんじんサラダ」といっしょにサンド
にんじんのシャキシャキ感がたまりません

○○○ 豚肉とにんじんのサンドイッチ

材料（1人分）
豚肉のしょうが風味焼き(p.31)…1食分（約1/6量）
にんじんサラダ (p.102)……約1/6量
塩……小さじ1/4
こしょう……少々
食パン（サンドイッチ用）……3枚
バター……適量
マヨネーズ……大さじ1

作り方
❶ 耐熱皿に豚肉をのせ、ラップをかけずに電子レンジで冷蔵なら1分（冷凍なら1分30秒）加熱する。とり出し、塩、こしょうを振る。
❷ パン2枚は片面、1枚は両面にバターを塗る。
❸ 両面にバターを塗ったパンがまん中にくるようにし、にんじんサラダ、①にマヨネーズを塗ったものをはさむ。皿で重しをして5分ほどおき、食べやすく切る。

○ クリームコーン卵焼き

材料（1人分）
卵……1個
クリームコーン（缶詰）……大さじ3
A｜マヨネーズ……大さじ1
　｜塩、こしょう……各少々
サラダ油……適量

作り方
❶ ボウルにAを入れて混ぜ、卵、クリームコーンを加えて溶き混ぜる。
❷ p.119を参照し、卵焼きを作る。

○ クレソン、ミニトマト

⏰ タイムテーブル
豚肉のしょうが風味焼きをレンジ加熱→卵焼きを作る→冷ます→サンドイッチを作る→落ち着かせて切る→詰める

ポークチャップ弁当

しょうが風味のケチャップ味はごはんにもパンにも合います
ごはんのときは、しみじみとおいしい和風の副菜を組み合わせて

○ ポークチャップ

材料（1人分）
豚肉のしょうが風味焼き(p.31)…1食分（約1/6量）
A｜トマトケチャップ……小さじ2
　｜しょうゆ……小さじ1
　｜砂糖……小さじ1/2

作り方
❶ 耐熱皿にAを入れて混ぜ、豚肉のしょうが風味焼きを加えて全体にあえる。ラップをふわっとかけて電子レンジで冷蔵なら2分（冷凍なら2分30秒）加熱する。
❷ とり出し、全体をまぜて味をまんべんなくからめる。

○ 高菜卵焼き

材料（1人分）
卵……1個
高菜漬け……20g
水……大さじ1
ごま油……適量

作り方
❶ 高菜漬けはみじん切りにする。
❷ ボウルに卵を割りほぐし、①、水を混ぜる。
❸ p.119を参照し、卵焼きを作る。

○ 小松菜と油揚げのいり煮 (p.91)
○ ごはん (p.106 にんじんとたらこのふりかけ)

⏰ タイムテーブル
ごはんを詰める→ポークチャップを作る→卵焼きを作る→冷ます→詰める→ふりかけを振る

37

作りおき4
牛肉のしょうが煮

牛丼、ビビンパ、肉巻き……人気おかずにアレンジできる牛肉のさっと煮です。薄切り肉を大きいまま、酒を多めに入れた煮汁で煮るだけ。煮すぎないよう、色が変わったらすぐとり出しましょう。

材料（5～6食分）
牛もも薄切り肉……300ｇ
A ┃ しょうが……1かけ
　 ┃ 酒……大さじ4
　 ┃ 塩……小さじ1/3

作り方
❶ Aのしょうがはせん切りにする。
❷ フライパンにAを入れて火にかけ、煮立ったら牛肉をほぐしながら加えて煮る。肉の色が変わったらとり出す。
❸ フライパンの煮汁を煮詰め、1/2量くらいになったら肉をもどし入れ、全体にさっと煮からめる。
❹ バットなどに移し、冷めたら保存容器に入れて冷蔵庫に保存。冷凍する場合は1食分ずつをラップで包み、保存袋に入れてから冷凍庫へ。

保存
冷蔵3日
冷凍2週間

POINT
牛肉は煮すぎるとかたくなってしまうので、いったんとり出し、煮汁を煮詰めたところにもどし入れる。

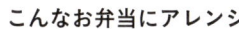
こんなお弁当にアレンジ

→ p.41　　→ p.44　　→ p.45
→ p.45　　→ p.47　　→ p.47

39

牛丼

牛肉のしょうが煮アレンジ

牛丼弁当

鍋を使わず、レンジだけで仕上げる簡単牛丼
たれが染みたごはんも楽しみ！

◎ 牛丼

材料（1人分）
牛肉のしょうが煮 (p.39) ……1食分（約 1/6 量）
玉ねぎ……1/4 個
A │ しょうゆ……大さじ1
　│ 水……小さじ1
　│ はちみつ……大さじ1/2
ごはん……適量

作り方
❶ 玉ねぎは薄切りに、牛肉のしょうが煮はひと口大に切る。
❷ 耐熱容器にA、①を入れて混ぜ、ラップをふわっとかけて電子レンジで冷蔵なら2分30秒（冷凍なら3分）加熱する。
❸ 粗熱がとれたら、弁当箱に詰めたごはんにのせる。

◎ 青じそ卵焼き

材料（1人分）
卵……1個
青じそ……4枚
A │ だし……大さじ1
　│ 塩……2つまみ
サラダ油……適量

作り方
❶ 青じそは粗みじんに切る。
❷ ボウルにAを入れて混ぜ、卵、①を加えて溶き混ぜる。
❸ p.119 を参照し、卵焼きを作る

◎ ピーマンの塩おかか煮 (p.92)

🕐 タイムテーブル
ごはんを詰める→牛肉のしょうが煮をレンジ加熱→卵焼きを作る→冷ます→詰める

ビーフストロガノフ （作り方 p.44）

牛肉とかぼちゃのサラダ (作り方 p.45) 　　　ビビンパ (作り方 p.45)

43

ビーフストロガノフ弁当

じっくり煮込まなくてもできる、即席ストロガノフ
酸味のきいたうずらの卵が、こってり味を引き立てます

○ ビーフストロガノフ

材料（1人分）
牛肉のしょうが煮 (p.39) ……1食分（約1/6量）
しめじ……1/2パック
A ┃ トマトケチャップ……大さじ2
　┃ 中濃ソース……大さじ1
　┃ オイスターソース……小さじ1
バター……5g

作り方
❶ しめじは石づきを落とし、ほぐす。
❷ 耐熱容器にA、①、牛肉のしょうが煮を入れて混ぜ、ラップをふわっとかけて電子レンジで冷蔵なら2分30秒（冷凍なら3分）加熱する。
❸ とり出し、バターを加えて混ぜる。

○ うずら卵の梅酢漬け

材料（1人分）
うずらの卵（水煮）……3個
赤梅酢……小さじ1

作り方
うずらの卵に赤梅酢をからめ、しばらくおく。

○ いんげんのゆかりあえ (p.93)
○ ごはん

タイムテーブル
ごはんを詰める→うずら卵の梅酢漬けを作る→ビーフストロガノフを作る→冷ます→詰める

牛肉のしょうが煮アレンジ

牛肉とかぼちゃのサラダ弁当

主食がパンのときにおすすめのデリ風サラダ
再加熱時に野菜をいっしょにチンすればラクチンです

○ 牛肉とかぼちゃのサラダ

材料（1人分）
牛肉のしょうが煮（p.39）……1食分（約1/6量）
かぼちゃ……100g
玉ねぎ……1/4個
A | マヨネーズ……大さじ2
　| ウスターソース……小さじ1
サラダ菜……適量

作り方
❶ かぼちゃは皮つきで2〜3cm角に、玉ねぎは薄切りに。しょうが煮はひと口大に切る。
❷ 耐熱容器に①を入れて、ラップをふわっとかけ、電子レンジで冷蔵なら4分（冷凍なら5分）加熱。
❸ ②の水けをふき、Aを加えてあえ、サラダ菜を添えて詰める。

○ ピザ味卵焼き

材料（1人分）
卵……1個
ピザソース……大さじ2
A | 牛乳、粉チーズ……各大さじ1
　| 塩、こしょう……各少々
サラダ油……適量

作り方
❶ ボウルにAを入れて混ぜ、卵を加えて溶き混ぜる。
❷ p.119を参照し、作り方③で表面が乾いたところにピザソースを全体に塗り、後は同様に。

○ きのこのマリネ (p.101)
○ パン

タイムテーブル
しょうが煮とかぼちゃをレンジ加熱→卵焼きを作る→サラダをあえる→冷ます→詰める

ビビンパ弁当

作りおきの「ミックスナムル」があれば"すぐでき"
牛しょうが煮のストックがあとわずか！ってときにも

○○○ ビビンパ

材料（1人分）
牛肉のしょうが煮（p.39）……1食分（約1/6量）
A | しょうゆ……小さじ2
　| 砂糖……小さじ1
　| ねぎのみじん切り……3cm分
　| おろしにんにく……少々
　| ごま油……小さじ1/2
ミックスナムル（p.102）、ごはん……各適量

作り方
❶ 牛肉のしょうが煮は細く切る。
❷ 耐熱容器にAを入れて混ぜ、①を加えてからめ、ラップをふわっとかけて電子レンジで冷蔵なら2分（冷凍なら2分30秒）加熱する。
❸ とり出し、よく混ぜる。冷めたら、詰めたごはんにミックスナムルとともにのせる。

○ 紅しょうが卵焼き

材料（1人分）
卵……1個
紅しょうがのあらみじん切り……大さじ1
A | だし……大さじ1
　| 塩……1つまみ
サラダ油……適量

作り方
❶ ボウルにAを入れて混ぜ、卵、紅しょうがを加え、溶き混ぜる。
❷ p.119を参照し、卵焼きを作る。

タイムテーブル
ごはんを詰める→しょうが煮を加熱→卵焼きを作る→冷ます→詰める

チンジャオロースー

アスパラガスの牛肉巻き

牛肉のしょうが煮アレンジ

チンジャオロース―弁当

調味料にかたくり粉を加えてチンすれば、とろみもばっちり
辛みのきいた漬け物を添えて、中華弁当を完成させます

🟠 チンジャオロース―

材料（1人分）
牛肉のしょうが煮 (p.39) ……1食分（約1/6量）
ピーマン……2個
ゆでたけのこ……小1/2個
ねぎ……5cm
A│しょうゆ……小さじ2
 │砂糖、ごま油……各小さじ1/2
 │かたくり粉……小さじ1/3

作り方
❶ 牛肉のしょうが煮はせん切り、ピーマンは種とへたをとってせん切りに、たけのこもせん切りにする。ねぎは斜め薄切りにする。
❷ 耐熱容器に①、Aを入れて混ぜ、ラップをふわっとかけて電子レンジで冷蔵なら3分（冷凍なら4分）加熱する。
❸ とり出し、よく混ぜる。

🟡 桜えび卵焼き

材料（1人分）
卵……1個
桜えび……大さじ2
A│マヨネーズ……大さじ1
 │塩、こしょう……各少々
サラダ油……適量

作り方
❶ A、卵、桜えびを溶き混ぜる。
❷ p.119を参照し、卵焼きを作る。

🔵 大根の中華風漬け物 (p.105)
⚪ ごはん

⏰ タイムテーブル
ごはんを詰める→チンジャオロースーを作る→卵焼きを作る→冷ます→詰める

アスパラガスの牛肉巻き弁当

お弁当の定番、肉巻きも、野菜と肉の同時加熱ワザを使います
加熱後、くるりと巻いて

🟠 アスパラガスの牛肉巻き

材料（1人分）
牛肉のしょうが煮 (p.39) ……1食分（約1/6量）
アスパラガス……2本
塩……小さじ1/4
こしょう……少々

作り方
❶ アスパラガスは根元のかたい部分の皮をむき、長さを3等分に切る。
❷ 耐熱皿に①、しょうが煮をのせて塩、こしょうを振り、ラップをふわっとかけて電子レンジで冷蔵なら3分（冷凍なら4分）加熱する。
❸ とり出し、粗熱がとれたら、アスパラガスをしょうが煮で巻いてようじで止める。

🟡 しば漬け卵焼き

材料（1人分）
卵……1個
しば漬けのみじん切り……大さじ1
A│だし……大さじ1
 │しょうゆ……小さじ1/4
サラダ油……適量

作り方
❶ Aを混ぜ、卵、しば漬けを加えて溶き混ぜる。
❷ p.119を参照し、卵焼きを作る。

🔵 きんぴらごぼう (p.95)
⚪ ごはん

⏰ タイムテーブル
ごはんを詰める→しょうが煮と野菜を加熱→卵焼きを作る→しょうが煮でアスパラを巻く→冷ます→詰める

作りおき5
鶏そぼろ

そのままごはんにのせたり、炒め物、煮物にしたり。さらにはカレーやパスタにも変身してくれる超便利な鶏そぼろ。箸を束ねてよ〜く混ぜてから、火にかけていりつけると、ふっくらやわらか！ パラパラに仕上がります。

材料（5〜6食分）
鶏ひき肉……300g
しょうが……1かけ
酒……大さじ3
しょうゆ、砂糖……各大さじ2

作り方
❶ しょうがはみじん切りにする。
❷ フライパンに材料をすべて入れ、菜箸3〜4本でよく混ぜる。
❸ 中火にかけ、汁けがなくなるまでいりつける。
❹ バットなどに移し、冷めたら保存容器に入れて冷蔵庫で保存。冷凍する場合は1食分ずつをラップで包み、保存袋に入れてから冷凍庫へ。

保存
冷蔵4日
冷凍2週間

POINT
菜箸3〜4本でよく混ぜてから火にかけると、パラパラに仕上がる。

こんなお弁当にアレンジ

→ p.51　　→ p.54　　→ p.55

→ p.55　　→ p.57　　→ p.57

鶏そぼろ

鶏そぼろアレンジ

三色弁当

鶏そぼろの定番お弁当といえばこれ
いり卵とグリーン野菜をのせれば、目にもおいしそう！

🟠⚪ 鶏そぼろ

材料（1人分）
鶏そぼろ (p.49) ……1食分（約1/6量）
ごはん……適量

作り方
❶ 耐熱容器に鶏そぼろを入れてラップをふわっとかけ、電子レンジで冷蔵なら30秒（冷凍なら1分）加熱する。
❷ とり出して冷まし、お弁当箱に詰めたごはんにのせ、いり卵、絹さやの塩びたしものせる。

🟡 いり卵

材料（1人分）
卵……1個
A ┃ 砂糖……小さじ1
　 ┃ 塩……2つまみ
　 ┃ 酒……大さじ1/2

作り方
❶ p.118を参照し、いり卵を作る。

🔵 絹さやの塩びたし (p.92)

POINT
鶏そぼろはラップをふわっとかけて再加熱する。

⏰ タイムテーブル
ごはんを詰める→そぼろを加熱→いり卵を作る→冷ます→詰める

キャベツのそぼろ炒め (作り方 p.54)

そぼろの和風オムレツ（作り方 p.55）

かぼちゃのそぼろ煮（作り方 p.55）

キャベツのそぼろ炒め弁当

野菜といっしょに再加熱し、炒め物風おかずに
こんにゃくとわかめ入りサブおかずで、ローカロ弁当！

🟠 キャベツのそぼろ炒め

材料（1人分）
鶏そぼろ (p.49) ……1食分（約1/6量）
キャベツ……2枚
A ┃ 塩、こしょう……各少々
　 ┃ ごま油……小さじ1

作り方
❶ キャベツはひと口大に切る。
❷ 耐熱容器に①、Aを入れて軽く混ぜ、鶏そぼろをのせてラップをふわっとかけ、電子レンジで冷蔵なら2分（冷凍なら3分）加熱する。
❸ とり出し、混ぜる。

🟡 わかめチーズ卵焼き

材料（1人分）
卵……1個
カットわかめ……（もどして）10g
プロセスチーズ……20g
A ┃ だし……大さじ1
　 ┃ 塩……1つまみ
サラダ油……適量

作り方
❶ わかめは水でもどす。チーズは粗みじん切りにする。
❷ ボウルにAを入れて混ぜ、卵、①を加えて溶き混ぜる。
❸ p.119を参照し、卵焼きを作る。

🔵 こんにゃくのピリ辛炒め (p.97)
🟢 ごはん（梅干しを入れて炊いたもの）

⏰ タイムテーブル
わかめをもどす→ごはんを詰める→そぼろ炒めを作る→卵焼きを作る→冷ます→詰める

鶏そぼろアレンジ

そぼろの和風オムレツ弁当

鶏そぼろをオムレツの中にイン！
グリーン野菜を添えれば、2品でも十分きれいなお弁当に

◯◯ そぼろの和風オムレツ

材料（1人分）
鶏そぼろ (p.49)……1食分（約1/6量）
玉ねぎ、じゃがいも……各1/4個
卵……1個
A │ だし……大さじ2
　│ しょうゆ、みりん……各小さじ1/2
バター……5g

作り方
❶ 玉ねぎ、じゃがいもは1cm角に切る。
❷ 耐熱容器に鶏そぼろ、①、Aを入れて混ぜてラップをふわっとかけ、電子レンジで冷蔵なら4分（冷凍なら5分）加熱する。
❸ とり出し、卵を割り入れてよく混ぜる。
❹ フライパン（直径16cm）にバターを溶かし、③を一気に流し入れ、混ぜながら八割がた火が通ったらフタをして中に火を通す。

◯ 枝豆の高菜風味 (p.88)
◯ ごはん

タイムテーブル
ごはんを詰める→和風オムレツを作る→冷ます→詰める

かぼちゃのそぼろ煮弁当

レンジで一発加熱するだけのそぼろ煮風がメイン
副菜に歯ごたえのいいものを用意し、バランスよく！

◯ かぼちゃのそぼろ煮

材料（1人分）
鶏そぼろ (p.49)……1食分（約1/6量）
かぼちゃ……（正味）70g
だしまたは水……大さじ2
かたくり粉……小さじ1/4

作り方
❶ かぼちゃは2cm角に切って水でぬらす。
❷ 耐熱容器に材料をすべて入れて混ぜ、ラップをふわっとかけて電子レンジで冷蔵なら3分（冷凍なら4分）加熱する。
❸ とり出し、よく混ぜる。

◯ れんこんの揚げびたし (p.96)
◯ ごはん

◯ ブロッコリー卵焼き

材料（1人分）
卵……1個
ブロッコリー……2房
A │ マヨネーズ……大さじ1/2
　│ 牛乳……大さじ1
　│ 塩、こしょう……各少々
サラダ油……適量

作り方
❶ ブロッコリーはさっとゆで、細かく切る。
❷ Aを混ぜ、卵、①を加えて溶き混ぜる。
❸ p.119を参照し、卵焼きを作る。

タイムテーブル
ごはんを詰める→ブロッコリーをゆでる→そぼろ煮を加熱→卵焼きを作る→冷ます→詰める

ミートソースパスタ　　　ドライカレー

鶏そぼろアレンジ

ミートソースパスタ弁当

子どもにも人気のミートソース
レンジ加熱なら、超簡単＆スピーディ

◯◯ ミートソースパスタ

材料（1人分）
鶏そぼろ (p.49)……1食分（約1/6量）
セロリのすりおろし……1/3本分
にんじんのすりおろし……1/4本分
玉ねぎのすりおろし……1/8個分
A ｜オリーブ油……小さじ1
　｜トマトケチャップ……大さじ2
　｜中濃ソース……大さじ1/2
　｜オイスターソース……小さじ1
パスタ（フジッリなど）……80〜100g

作り方
❶ たっぷりの熱湯に塩少々（分量外）を入れ、パスタを表示通りゆでる。
❷ 耐熱ボウルに野菜のすりおろし、A、鶏そぼろを入れて混ぜ、ラップをふわっとかけて電子レンジで冷蔵なら3分（冷凍なら4分）加熱する。
❸ とり出し、①とあえる。

◯ チーズいり卵

材料（1人分）
卵……1個
プロセスチーズ……20g
A ｜牛乳……大さじ1
　｜塩、こしょう……各少々
サラダ油……小さじ1/2

作り方
❶ チーズは5〜6mm角に切る。
❷ Aを混ぜ、卵、①を加えて溶き混ぜる。
❸ フライパンに油を熱して②を流し入れ、菜箸3〜4本で混ぜながら中まで火を通す。

◯ アスパラのピーナッツ炒め (p.90)

⏰ タイムテーブル
パスタを作る→いり卵を作る→冷ます→詰める

ドライカレー弁当

大好きカレーもお弁当のときは、ドライカレーがおすすめ
さっぱり味のピクルスが、カレーと好相性！

◯◯ ドライカレー

材料（1人分）
鶏そぼろ (p.49)……1食分（約1/6量）
玉ねぎのすりおろし……1/8個分
にんじんのすりおろし……1/4本分
A ｜トマトケチャップ……大さじ1
　｜カレー粉……小さじ1
ごはん……適量

作り方
❶ 耐熱容器に野菜のすりおろし、A、鶏そぼろを入れて混ぜ、ラップをふわっとかけて電子レンジで冷蔵なら3分（冷凍なら4分）加熱する。
❷ とり出してよく混ぜ、冷めたら、ごはんにのせる。

◯ ミックスベジタブルいり卵

材料（1人分）
卵……1個
ミックスベジタブル（冷凍）……大さじ4
A ｜牛乳……大さじ2
　｜塩、こしょう……各少々
バター……5g

作り方
❶ ボウルにAを入れて混ぜ、卵、ミックスベジタブルを加えて溶き混ぜる。
❷ フライパンにバターを溶かして①を流し入れ、菜箸3〜4本で混ぜながら中まで火を通す。

◯ 赤玉ねぎのピクルス (p.105)

⏰ タイムテーブル
ごはんを詰める→ドライカレーを作る→いり卵を作る→冷ます→詰める

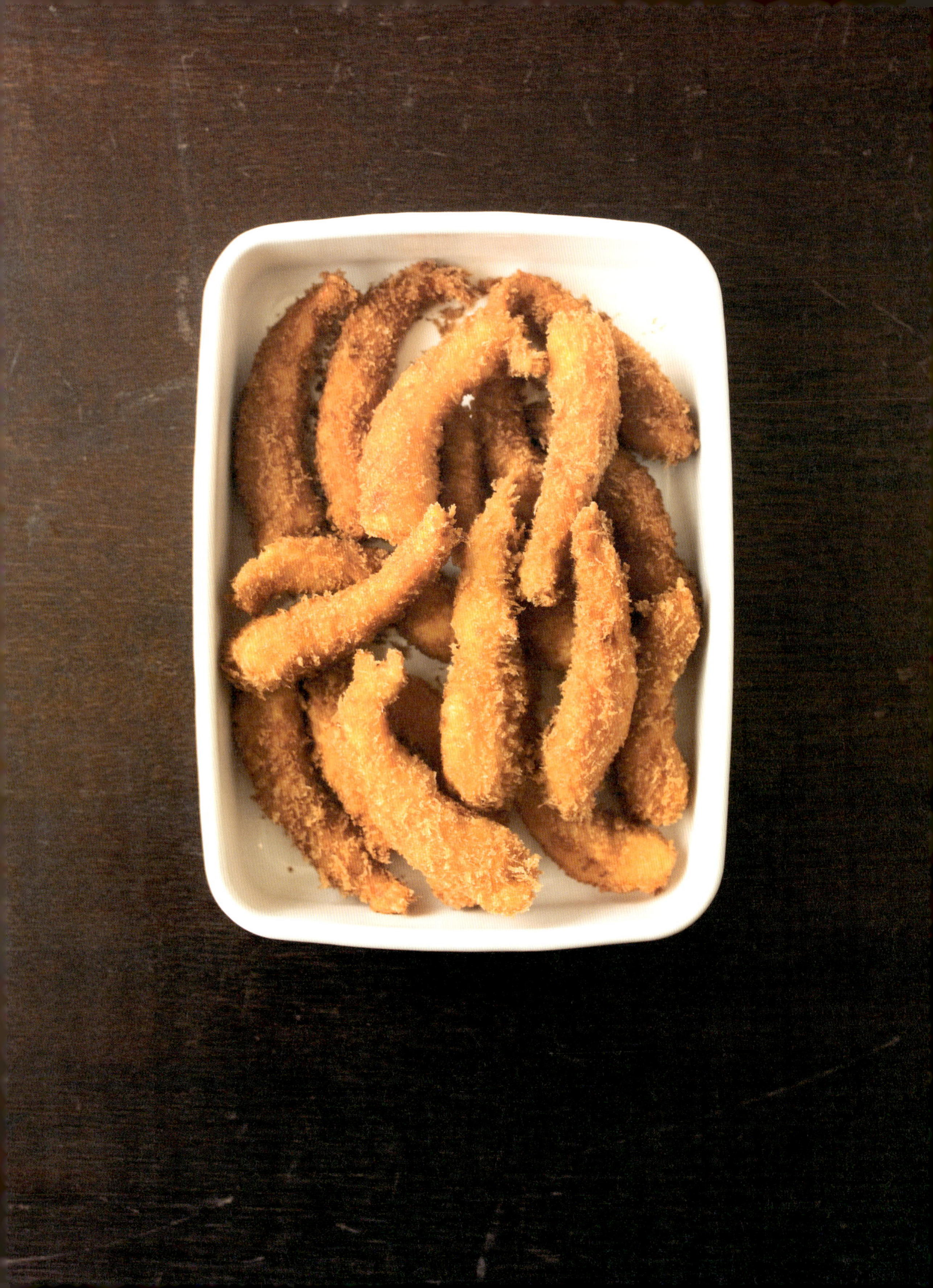

作りおき6

えびフライ

えびフライもちょっとした工夫で、作りおきおかずとして活用できます。ポイントは衣を厚めにつけること。小麦粉→溶き卵→小麦粉→溶き卵と2回ずつつけてからパン粉をまぶします。しっかり衣で冷めてもおいしい！

材料（5〜6食分）
えび……300g
こしょう……少々
白ワインまたは酒……大さじ1
小麦粉、溶き卵、パン粉…各適量
揚げ油……適量

作り方
❶ えびは尾と殻を除き、背ワタをとる。腹側に3〜4箇所切り込みを入れて引っ張り、曲がらないようにする。こしょう、ワインを振り、下味をつける。
❷ 小麦粉をまぶして溶き卵をつけ、これをもう一度くり返し、パン粉をまぶす。
❸ 揚げ油を170℃に熱し、②を2分ほどかけてこんがりと揚げる。冷めてから保存容器または保存袋に入れて、冷蔵庫または冷凍庫で保存する。

保存
冷蔵3日
冷凍2週間

POINT
小麦粉、溶き卵の順に2回ずつつけ、衣を厚くする。

こんなお弁当にアレンジ

→ p.61　　→ p.63　　→ p.63　　→ p.65

えびフライ

えびフライアレンジ

えびフライ弁当

1日目はえびフライそのままのおいしさを！　たこ焼き味の卵焼き
マヨ味コールスローで、バラエティに富んだ味の組み合わせ

◯ えびフライ

材料（1人分）
えびフライ (p.59)……1食分（約1/6量）
中濃ソース……適量

作り方
❶ 耐熱皿にペーパータオルを敷いてえびフライをのせ、ラップをかけずに電子レンジで冷蔵なら1分（冷凍なら1分30秒）加熱する。ソースはかけるか、別容器に入れて詰める。

POINT
カラリと仕上げたいえびフライは、ラップをかけずにレンジ加熱する。下にペーパータオルを敷いておくと、余分な油もとれる。

◯ たこ焼き風卵焼き

材料（1人分）
卵……1個
万能ねぎの小口切り……2本分
紅しょうがのみじん切り……大さじ1
A│中濃ソース……小さじ1
　│水、削り節……各大さじ1
サラダ油……適量

作り方
❶ ボウルにAを入れて混ぜ、卵、万能ねぎ、紅しょうがを加え、溶き混ぜる。
❷ p.119を参照し、卵焼きを作る。

◯ コールスロー (p.93)
◯ ごはん（ゆかり）

⏰ タイムテーブル

ごはんを詰める→えびフライを加熱→卵焼きを作る→冷ます→詰める→ふりかけを振る

めんつゆソース味のえびフライ　　えびフライのり巻き

えびフライアレンジ

めんつゆソース味のえびフライ弁当

和洋コラボソースを染み込ませたら、冷めてもばっちり
ししとうと焼きのり入りの卵焼きが、全体の色をピシッと引き締めます

🟠 めんつゆソース味のえびフライ

材料（1人分）
えびフライ（p.59）……1食分（約1/6量）
A ｜ めんつゆ……小さじ2
　｜ ウスターソース……小さじ1

作り方
❶ 耐熱容器にAを入れて混ぜ、ラップをふわっとかけて電子レンジで30秒加熱する。
❷ 耐熱容器にペーパータオルを敷いてえびフライをのせ、ラップをかけずに電子レンジで冷蔵なら1分（冷凍なら1分30秒）加熱する。
❸ とり出し、①をからめる。

🔵 ししとうのごま炒め (p.90)
🟢 ごはん（梅干し）

🟡 焼きのり卵焼き

材料（1人分）
卵……1個
焼きのり……1/2枚
A ｜ しょうゆ……小さじ1/2
　｜ だし……大さじ1
サラダ油……適量

作り方
❶ Aを混ぜ、卵を加えて溶き混ぜる。
❷ p.119を参照し、作り方③で表面がほぼ乾いたところに焼きのりをのせ、後は同様に作る。

⏰ タイムテーブル
ごはんを詰める→えびフライを加熱→卵焼きを作る→冷ます→詰める→梅干しをのせる

えびフライのり巻き弁当

ベーコンでうまみ、マヨでコクをプラスした
ボリュームたっぷりののり巻き！

🟠 えびフライのり巻き

材料（1人分）
えびフライ（p.59）……1食分（約1/6量）
ベーコン……1枚
塩、こしょう……各少々
のり……1枚
マヨネーズ、中濃ソース……各大さじ1
ごはん……200g

作り方
❶ 耐熱皿にペーパータオルを敷いてえびフライ、ベーコンをのせ、ラップをかけずに電子レンジで冷蔵なら1分30秒（冷凍なら2分）加熱する。とり出して塩、こしょうを振り、冷ます。
❷ ラップにのりをのせ、マヨネーズを全体に塗る。向こう3cmを残してごはんを広げ、手前一列に①をのせ、ソースをかけて手前からくるくると巻く。食べやすく切って詰める。

🟡 ゆで卵のみそがらめ

材料（1人分）
かたゆで卵……1個
A ｜ みそ……小さじ1
　｜ みりん……小さじ1/2

作り方
❶ ゆで卵は縦に6～7本、浅く切り込みを入れる。
❷ Aを混ぜ合わせ、①にからめる。

🟠 チャプチェ (p.104)

⏰ タイムテーブル
えびフライを加熱→卵のおかずを作る→冷ます→のり巻きを作る→詰める

ピリ辛ケチャップ味のえびフライ

えびフライアレンジ

ピリ辛ケチャップ味のえびフライ弁当

隠し味にタバスコを加え、ピリリと辛みを利かせました
卵のおかずに絹さやをプラスすれば、カラフル！

🟠 ピリ辛ケチャップ味のえびフライ

材料（1人分）
えびフライ (p.59) ……1食分（約1/6量）
A ┃ トマトケチャップ……大さじ2
　 ┃ タバスコ……小さじ1

作り方
❶ 耐熱皿にペーパータオルを敷いてえびフライをのせ、ラップをかけずに電子レンジで冷蔵なら1分30秒（冷凍なら2分）加熱する。
❷ とり出し、混ぜ合わせたAを全体にからめる。

POINT
ソースをからめてから加熱するとベチャッとしてしまうので、加熱後にからめる。

🟡 絹さや卵

材料（1人分）
卵……1個
絹さや……20g
塩、こしょう……各少々
ごま油……小さじ1

作り方
❶ 絹さやの筋をとる。
❷ 小さいフライパン（直径16〜18cm）にごま油を熱し、絹さやを炒める。
❸ 絹さやの色が変わったら、卵を割り入れ、卵黄をつぶして両面を焼く。中まで火を通し、塩、こしょうを振る。

🔵 ごぼうのマヨサラダ (p.105)
🟢 ごはん

⏰ タイムテーブル

ごはんを詰める→ピリ辛ケチャップ味のえびフライを作る→絹さや卵を作る→冷ます→詰める

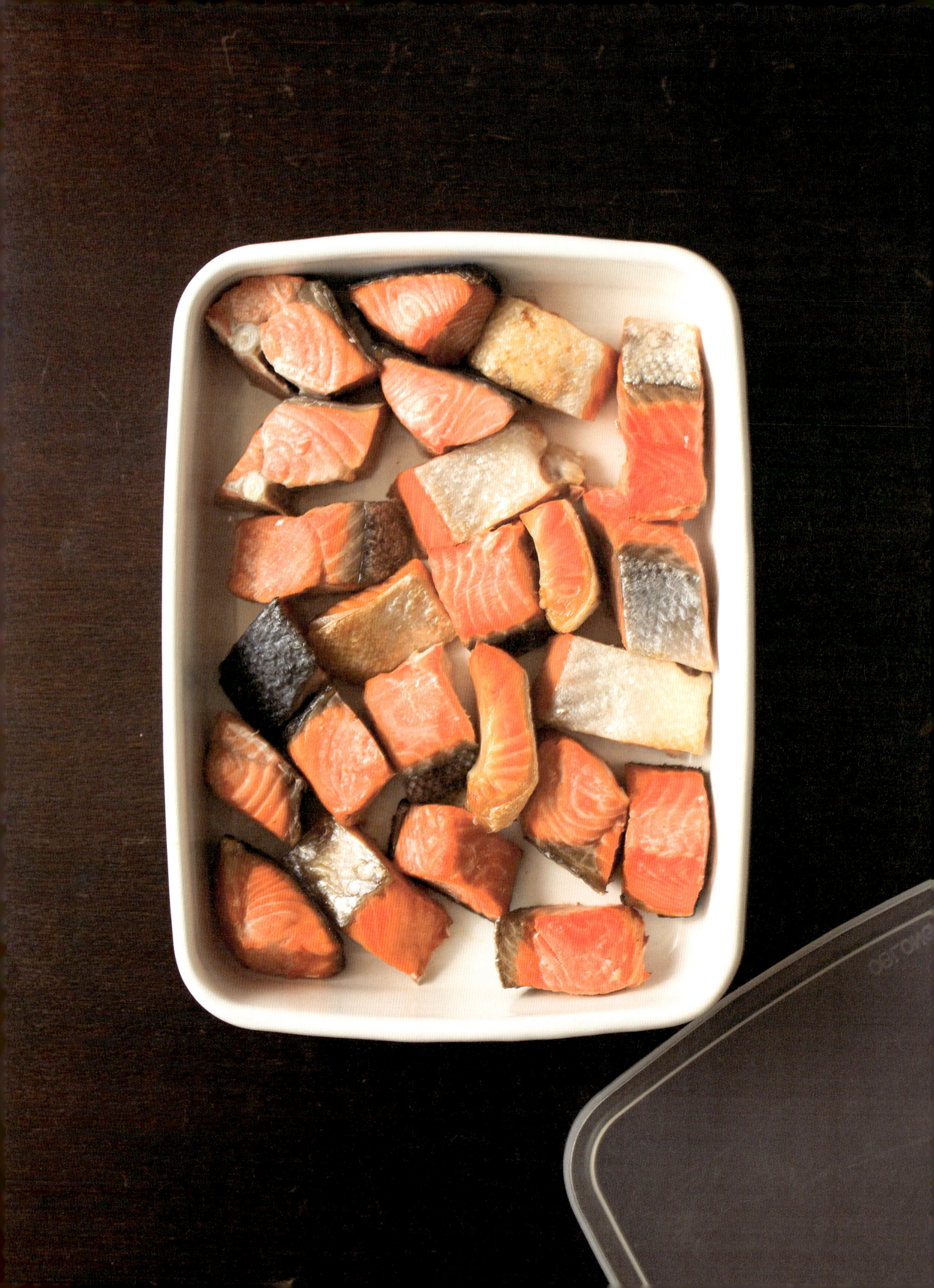

作りおき 7

甘塩鮭焼き

使いやすくリーズナブルな鮭はお弁当の定番素材。いろいろな料理にアレンジしやすいように小さく切り分けておき、酒を振って焼きます。こうすると、焼き上がりのふっくら感が違います。うまみを増す効果も！

材料（5～6食分）
甘塩鮭の切り身……5切れ
酒……大さじ1

作り方
❶ 甘塩鮭は1切れを3～4等分に切り、酒を振る。
❷ 魚焼きグリルまたは焼き網をよく熱し、①の両面を5～6分かけてこんがりと焼き、中まで火を通す。
❸ 冷めたら、保存容器や保存袋に入れて冷蔵庫または冷凍庫で保存する。

保存
冷蔵 3 日
冷凍 2 週間

POINT
鮭は酒を振っておくと焼き上がりがふっくらとし、うまみが増す。

こんなお弁当にアレンジ

→ p.69 　　→ p.71 　　→ p.73 　　→ p.73

鮭の南蛮漬け

甘塩鮭焼きアレンジ

鮭の南蛮漬け弁当

ちょっぴり甘辛くて酸味のあるたれがクセになる
夏場も安心なお弁当です。酢の効果で鮭がいつまでもやわらか！

🟠 鮭の南蛮漬け

材料（1人分）
甘塩鮭焼き (p.67)……3切れ（切り身約1切れ分）
ピーマン……1個
にんじん……1/5本
A｜酢……小さじ2
　｜しょうゆ……小さじ1
　｜砂糖……小さじ1/2
　｜赤とうがらしの小口切り……少々
　｜しょうがのせん切り……少々

作り方
❶ ピーマンは種とヘタをとってせん切り、にんじんもせん切りにする。
❷ 耐熱容器に鮭焼き、①を順に入れ、混ぜ合わせたAをかける。ラップをふわっとかけ、電子レンジで冷蔵なら2分（冷凍なら2分30秒）加熱する。
❸ とり出し、混ぜる。

🟡 のりの佃煮卵焼き

材料（1人分）
卵……1個
のりの佃煮……小さじ2
だし……大さじ1
サラダ油……適量

作り方
❶ ボウルにだしを入れ、卵、のりの佃煮を加えて溶き混ぜる。
❷ p.119を参照し、卵焼きを作る。

🔵 **大学いも** (p.98)
🟢 **ごはん** (p.107 おかかふりかけ)

POINT
ピーマンとにんじんの香りを鮭につけたいので、野菜を鮭の上にのせる。そこにたれをかけて加熱する。

⏰ タイムテーブル
ごはんを詰める→南蛮漬けを作る→卵焼きを作る→冷ます→詰める→ふりかけを振る

鮭のちらし寿司

甘塩鮭焼きアレンジ

鮭のちらし寿司弁当

焼き鮭をほぐし、酢飯に混ぜただけの簡単ちらし寿司
卵焼きに緑野菜を入れ、上に散らして彩りｕｐ！

🟠🟢 鮭のちらし寿司

材料（１人分）
甘塩鮭焼き (p.67) …３切れ（切り身約１切れ分）
たくあん……３cm
絹さや卵焼き（右参照）……全量
白いりごま……小さじ２
ごはん……適量
A｜酢……小さじ２
 ｜砂糖……小さじ１/２
 ｜塩……小さじ１/４

作り方
❶ 鮭焼きはラップをかけずに、電子レンジで冷蔵なら30秒（冷凍なら１分）加熱する。とり出し、骨や皮を除いてほぐす。
❷ たくあんはみじん切りにし、絹さや卵焼きは２cm角に切る。Aを混ぜ合わせる。
❸ ごはんにAを混ぜ、卵焼き以外を加えて混ぜる。お弁当箱に詰め、卵焼きをのせる。

🟡 絹さや卵焼き

材料（１人分）
卵……１個
絹さや……６枚
A｜だし……大さじ１
 ｜塩……２つまみ
サラダ油……適量

作り方
❶ 絹さやはさっとゆで、せん切りにする。
❷ ボウルにAを入れて混ぜ、卵、①を加え、溶き混ぜる。
❸ p.119を参照し、卵焼きを作る。

🔵 切り干し大根の煮物 (p.96)

POINT
鮭焼きは骨と皮をとり除いてほぐし、ごはんに混ぜる。

⏰ タイムテーブル
ちらし寿司を作り、詰める→卵焼きを作る→冷ます→詰める

鮭のチーズ焼き

鮭のみりん干し風

甘塩鮭焼きアレンジ

鮭のチーズ焼き弁当

鮭を手軽に洋風味にしたいときにおすすめ
デリ風ビーンズサラダ、ハム入り卵焼きが女子好み！

🟠 鮭のチーズ焼き

材料（1人分）
甘塩鮭焼き(p.67)……3切れ（切り身約1切れ分）
粉チーズ……大さじ1

作り方
❶ 耐熱容器に鮭焼きをのせ、チーズを振ってラップをふわっとかけ、電子レンジで冷蔵なら1分（冷凍なら1分30秒）加熱する。

🔵 ミックスビーンズのマリネ(p.103)

🟡 ハム卵焼き

材料（1人分）
卵……1個
ハムのみじん切り……1枚分
A │ 牛乳……大さじ1
　 │ 塩、こしょう……各少々
サラダ油……適量

作り方
❶ Aを混ぜ、卵、ハムを加えて溶き混ぜる。
❷ p.119を参照し、卵焼きを作る。

⚪ ごはん

🕐 タイムテーブル
ごはんを詰める→チーズ焼きを作る→卵焼きを作る→冷ます→詰める

鮭のみりん干し風弁当

みりんとごまをかけるだけでも、鮭焼きの印象がガラリ！
彩りおかずを添えれば、和風の華やか弁当のでき上がり

🟠 鮭のみりん干し風

材料（1人分）
甘塩鮭焼き(p.67)……3切れ（切り身約1切れ分）
みりん……小さじ1/2
白・黒いりごま……各少々

作り方
❶ 耐熱容器に鮭焼きをのせてみりんをかけ、ラップをかけずに電子レンジで冷蔵なら40秒（冷凍なら1分）加熱する。
❷ とり出し、いりごま2種を振る。

🔵 長いもとれんこんの梅酢漬け(p.99)

🟡 グリンピース卵焼き

材料（1人分）
卵……1個
グリンピース（冷凍）……大さじ2
A │ だし……大さじ1
　 │ 塩……2つまみ
サラダ油……適量

作り方
❶ ボウルにAを入れて混ぜ、卵、グリンピースを加えて溶き混ぜる。
❷ p.119を参照し、卵焼きを作る。

⚪ ごはん (p.107 ひじきとカリカリ梅のしそ風味ふりかけ)

🕐 タイムテーブル
ごはんを詰める→みりん干し風を作る→卵焼きを作る→冷ます→詰める→ふりかけを振る

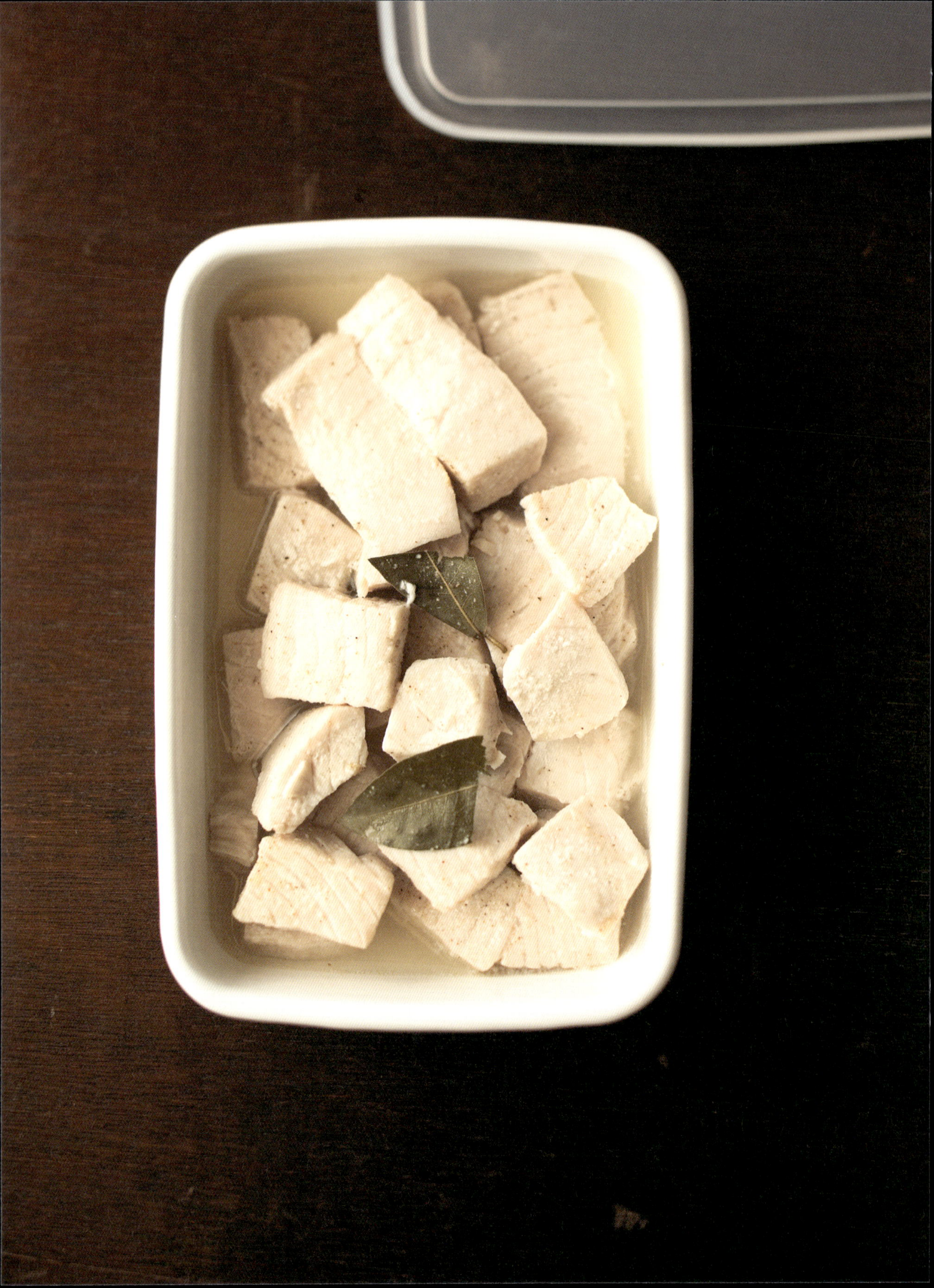

作りおき8

かじきのワイン蒸し

淡白な味わいが和洋中にアレンジしやすい、かじき。ワイン蒸しにしておけば、日持ちがよくなり、扱いやすくなります。強めに塩をしてしばらくおき、余分な水けを抜くのがポイント。パサつかないよう汁ごと保存して。

材料（5〜6食分）
かじき……6切れ
塩……小さじ1
こしょう……少々
白ワイン……大さじ3
ローリエ……1枚

作り方
1. かじきは用途に合わせ、1切れを2〜3等分やひと口大に切る。塩を振って15分ほどおき、ペーパータオルなどで水けをふく。
2. 耐熱皿に①をのせ、こしょう、ワインを振り、ローリエを半分に割ってのせて10分ほどおく。
3. ②にラップをふわっとかけ、電子レンジで6分加熱する。
4. 粗熱がとれたら汁ごと保存容器または保存袋に入れ、冷めてから冷蔵庫または冷凍庫で保存する。

**保存
冷蔵3日
冷凍2週間**

POINT
かじきは塩を振って15分ほどおき、出てきた水けをペーパータオルでしっかりふく。

こんなお弁当にアレンジ

→ p.77　　→ p.80　　→ p.81

→ p.81　　→ p.83　　→ p.83

かじきのサラダ

かじきのワイン蒸しアレンジ

かじきのサラダ弁当

生野菜とあえたサラダ仕立てなら、ヘルシー度満点！
かぼちゃの副菜で、食べ応えを補います

🟠 かじきのサラダ

材料（1人分）
かじきのワイン蒸し (p.75・ひと口大に切ったもの)
　……1食分（約1/6量）
サニーレタス……1枚
きゅうり……1/2本
ミニトマト……4個
オリーブ油……小さじ1
塩、粗びき黒こしょう……各少々
白ワインビネガーまたは酢……小さじ1/3

作り方
❶ かじきのワイン蒸しは耐熱容器にのせてラップをふわっとかけ、電子レンジで冷蔵なら1分（冷凍なら1分30秒）加熱する。
❷ サニーレタスはひと口大にちぎり、きゅうりは幅3〜4mmの小口切り、ミニトマトはヘタをとる。
❸ ①が冷めたらボウルに入れて②を加え、オリーブ油を全体にからめ、ワインビネガー、塩、こしょうで調味する。できれば、塩は別に添えて食べる直前にすると、よりおいしい。

POINT
野菜とかじきの表面にオリーブ油でコーティングしておくと、水けが出にくくなる。調味はその後で。

🟡 うずら卵のしょうゆ漬け

材料（1人分）
うずらの卵（水煮）……3個
A ┃ しょうゆ……小さじ1/2
　 ┃ みりん……少々

作り方
❶ Aを混ぜ合わせ、うずらの卵にからめ、5分以上おく。

🔵 かぼちゃのレモン煮 (p.99)
⚪ パン

⏰ タイムテーブル
うずら卵のしょうゆ漬けを作る→ワイン蒸しを加熱→冷ます→サラダを作る→詰める

かじきの照り焼き（作り方p.80）

かじきのカレーマヨあえ (作り方 p.81)

かじきのチリソース煮 (作り方 p.81)

79

かじきの照り焼き弁当

和風弁当にしたいときは、甘辛しょうゆ味に
プチプチ感が楽しい副菜、梅干し入り卵焼きで味にメリハリ！

◯ かじきの照り焼き

材料（1人分）
かじきのワイン蒸し (p.75) ……1食分（約1/6量）
A │ しょうゆ……小さじ1
　 │ 砂糖、みりん……各小さじ1/2

作り方
❶ 耐熱容器にかじきをのせ、Aをからめ、ラップをふわっとかけて電子レンジで冷蔵なら1分30秒（冷凍なら2分）加熱する。
❷ とり出し、混ぜて水分をとばす。

◯ わかめ梅干し卵焼き

材料（1人分）
卵……1個
カットわかめ……（もどして）5g
梅干し……1/2個
A │ だし……大さじ1
　 │ しょうゆ……少々
サラダ油……適量

作り方
❶ カットわかめはみじん切りにする。梅干しは種を除き、たたいてつぶす。
❷ ボウルにAを入れて混ぜ、卵、①を加えて溶き混ぜる。
❸ p.119を参照し、卵焼きを作る。

◯ しらたきのたらこ煮 (p.98)
◯ ミニトマト （ヘタをとる）
◯ ごはん (p.106 青菜とじゃこのふりかけ)

タイムテーブル
わかめをもどす→ごはんを詰める→照り焼きを作る→卵焼きを作る→冷ます→詰める→ふりかけを振る

かじきのワイン蒸しアレンジ

かじきのカレーマヨあえ弁当

子どもにも大人にも人気のカレーマヨネーズ味がメイン
さっぱり漬け物が、おいしさを引き立ててくれます

● かじきのカレーマヨあえ

材料（1人分）
かじきのワイン蒸し(p.75)……1食分（約1/6量）
A マヨネーズ……大さじ1
　カレー粉……小さじ1/3
　塩……少々
レタス……適量

作り方
❶ 耐熱容器にかじきのワイン蒸しをのせてラップをふわっとかけ、電子レンジで冷蔵なら1分（冷凍なら1分30秒）加熱する。
❷ とり出して冷まし、混ぜ合わせたAであえる。レタスを添えて詰める。

● 大根の塩昆布漬け (p.99)
● ごはん（梅干し、ごま塩）

● キャベツ卵焼き

材料（1人分）
卵……1個
キャベツのみじん切り……1/2枚分
A だし……大さじ1
　マヨネーズ……小さじ1
　塩、こしょう……各少々
サラダ油……適量

作り方
❶ ボウルにAを入れて混ぜ、卵、キャベツを加えて溶き混ぜる。
❷ p.119を参照し、卵焼きを作る。

⏰ タイムテーブル
ごはんを詰める→カレーマヨあえを作る→卵焼きを作る→冷ます→詰める→ふりかけを振る

かじきのチリソース煮弁当

甘辛が絶妙なバランスのチリソースをからめて
副菜も、中華おかずで決まり！

● かじきのチリソース煮

材料（1人分）
かじきのワイン蒸し(p.75)……1食分（約1/6量）
A トマトケチャップ……大さじ1
　オイスターソース……小さじ1
　豆板醤、しょうゆ……各小さじ1/2
　長ねぎのみじん切り……小さじ1
　しょうがのみじん切り……小さじ1
　ごま油……少々

作り方
❶ 耐熱容器にAを入れて混ぜ、ワイン蒸しにからめる。ラップをふわっとかけ、電子レンジで冷蔵なら1分30秒（冷凍なら2分）加熱する。
❷ とり出し、混ぜる。

● たくあん卵焼き

材料（1人分）
卵……1個
たくあんのみじん切り……2cm分
A だし……大さじ1
　塩……2つまみ
サラダ油……適量

作り方
❶ ボウルにAを入れて混ぜ、卵、たくあんを加えて溶き混ぜる。
❷ p.119を参照し、卵焼きを作る。

● 春雨サラダ (p.101)
● ごはん（梅干し、ごま塩）

⏰ タイムテーブル
ごはんを詰める→チリソース煮を作る→卵焼きを作る→冷ます→詰める→ふりかけを振る

かじきとチンゲン菜のパスタ

かじきのトマト煮

かじきのワイン蒸しアレンジ

かじきとチンゲン菜のパスタ弁当

かじき入りパスタソースは、レンジで一発加熱！
パスタをゆでるときに緑野菜をいっしょにゆでるのもコツ

◐ かじきとチンゲン菜のパスタ

材料（1人分）
かじきのワイン蒸し (p.75・ひと口大に切ったもの)
　……1食分（約1/6量）
チンゲン菜……1株
A｜オリーブ油……大さじ1
　｜にんにくのすりおろし……少々
　｜赤とうがらしの小口切り……少々
スパゲッティ……80g

作り方
❶ チンゲン菜は食べやすい大きさに切る。
❷ 塩（分量外）を入れた熱湯で、スパゲッティを表示通りにゆでる。ゆで上がる2分前に①を入れ、いっしょにゆで上げる。
❸ 耐熱容器にかじきのワイン蒸し、Aを入れ、ラップをふわっとかけて電子レンジで冷蔵なら2分（冷凍なら2分30秒）加熱する。
❹ ③のかじきをほぐしながら②とあえる。

◯ 魚肉ソーセージの卵焼き

材料（1人分）
卵……1個
魚肉ソーセージ……1/4本
A｜牛乳……大さじ1
　｜マヨネーズ……小さじ1
　｜塩、こしょう……各少々
サラダ油……適量

作り方
❶ Aを混ぜ、卵を加えて溶き混ぜる。
❷ p.119を参照し、作り方③で表面がほぼ乾いたら魚肉ソーセージをのせ、後は同様に。

◯ かぼちゃのサラダ (p.104)

仕上げに粗びき黒こしょうを振る。

⏰ タイムテーブル
パスタを作る→卵焼きを作る→冷ます→詰める

かじきのトマト煮弁当

かじきとトマトソースは仲良しコンビ。フレッシュトマトとケチャップをダブルで使い、手軽にパパッと作ります

◐ かじきのトマト煮

材料（1人分）
かじきのワイン蒸し(p.75)……1食分（約1/6量）
ミニトマト……3個
ブロッコリー……2房
A｜トマトケチャップ……大さじ1
　｜はちみつ……小さじ1/2
　｜塩、こしょう……各少々

作り方
❶ トマトは半分に、ブロッコリーは小房に分ける。
❷ 耐熱容器にA、①、かじきのワイン蒸しを入れて混ぜ、ラップをふわっとかけ、電子レンジで冷蔵なら2分30秒（冷凍なら3分）加熱する。
❸ とり出し、混ぜる。

◯ しらす卵焼き

材料（1人分）
卵……1個
しらす……大さじ2
A｜酒、だし……各小さじ1
　｜しょうゆ……少々
サラダ油……適量

作り方
❶ Aを混ぜ、卵、しらすを加えて溶き混ぜる。
❷ p.119を参照し、卵焼きを作る。

◯ なすの揚げびたし (p.97)
◯ ごはん

⏰ タイムテーブル
ごはんを詰める→かじきのトマト煮を作る→卵焼きを作る→冷ます→詰める

お弁当便利帳 1

おいしく安心に詰めるコツ

同じおかずでもおいしそうに見えるかどうかは詰め方次第。分量の多い順に、隙き間がないように詰めましょう。

1 ごはん

冷めると詰めにくいごはんは温かいうちに詰め、完全に冷めてからおかずを詰める。目安はおべんとう箱の1/2量くらい。

2 主菜

分量が多く、形がしっかりしている主菜を詰める。汁けのあるものはよくきるのも鉄則。味が移らないようにカップに入れてから詰めても。量はおかずスペースの1/2くらい。

3 卵焼き

次に、形がしっかりしている卵焼きを詰める。お弁当箱の高さに合わせて長さを切り、切り口を上にして詰めるときれい。

4 副菜

分量を調整できる副菜は最後に詰める。スペースがなくなったときには、ごはんの上にのせても。

5 ふりかけなど

お弁当全体を見て色味が足りないときは、ふりかけなどで彩りをプラス！ 主菜は茶色、卵のおかずは黄色なので、赤や緑のふりかけや漬け物なら超便利。

Part 2 朝は詰めるだけ！
作りおき副菜

朝、そのまま詰めればいいだけの副菜を 42 レシピご紹介します。粗熱がとれてから冷蔵庫で保存すれば、3〜4日はおいしくいただけるものばかりです。多め（6食分）の分量にしてあるので、夕食の副菜としてもお使いください。

緑のサブおかず

ピーマンの当座煮

ピーマンが苦手な人にも食べやすい甘辛味
じゃこのうまみと食感がアクセント

材料（作りやすい分量）
ピーマン……6個
ちりめんじゃこ……30g
A | 酒、水……各大さじ2
  | みりん、しょうゆ……各大さじ1

作り方
❶ ピーマンは縦半分に切って種とヘタをとり、縦に幅1cmに切る。
❷ 鍋に①、じゃこ、Aを入れ、汁けがなくなるまで10分ほど中火で煮る。
❸ 粗熱がとれたら保存容器に入れ、冷めてから冷蔵庫で保存する。

いんげんのごまあえ

すりごま多めがポイント！
時間がたっても水けが出にくくなります

材料（作りやすい分量）
いんげん……300g
しょうゆ……小さじ2
A | 白すりごま……大さじ6
  | しょうゆ……大さじ1

作り方
❶ 熱湯にいんげんを入れて3分ほどゆで、ざるに上げる。長さ3～4cmに切り、熱いうちにしょうゆをからめる。
❷ Aを混ぜ合わせ、①をあえる。
❸ 保存容器に入れ、冷蔵庫で保存する。

アスパラガスの漬け物

ほんのり昆布の香り
保存するときも昆布ではさんだまま容器に入れて

材料（作りやすい分量）
アスパラガス……1〜2束（10本）
塩……小さじ1
昆布……（20cm）2枚

作り方
❶ アスパラガスは根元のかたい皮をむき、熱湯で30秒ほどゆでてざるに上げる。長さ3〜4cmに切り、熱いうちに塩をまぶす。
❷ 昆布はぬれぶきんでふき、1枚を保存容器に敷いて①を並べる。もう1枚をのせ、冷めてから冷蔵庫で保存する。

セロリの漬け物

シャキシャキしてさっぱり
こってり味メインのときの副菜にどうぞ

材料（1人分）
セロリ……3本
A ｜ 塩……小さじ1
　｜ 昆布……5cm
　｜ 水……大さじ1

作り方
❶ セロリは筋をとり、厚さ7〜8mmの斜め切りにする。
❷ ①、Aをあえる。
❸ 漬け汁ごと保存容器に入れ、冷蔵庫で保存する。しんなりしてから食べる。

ほうれん草のナムル

ごま油とすりごまが決め手
にんじんや絹さやなど、ほかの野菜でもお試しを

材料（作りやすい分量）
ほうれん草……2把（500g）
A ｜ 塩、しょうゆ……各小さじ1/2
　｜ ごま油……大さじ1
　｜ 白すりごま……大さじ1

作り方
❶ ほうれん草は塩少々（分量外）を加えた熱湯で根元から入れてさっとゆでる。水にとり、長さ4cmに切って再び水けを絞る。
❷ ボウルにAを入れて混ぜ、①をあえる。
❸ 保存容器に入れ、冷蔵庫で保存する。

枝豆の高菜風味

高菜漬けの漬け汁を再利用！
赤とうがらしの辛みをピリッときかせて

材料（作りやすい分量）
枝豆（冷凍）……300g
A ｜ 水……2カップ
　｜ 高菜漬けの汁……1/2カップ
　｜ 塩……小さじ2
　｜ 赤とうがらしの小口切り……1本分

作り方
❶ 枝豆は両端をキッチンバサミで切る。
❷ 鍋にAを入れて火にかけ、①を加え、フタをして5〜6分煮る。火を止め、鍋に入れたまま冷ます。
❸ 汁けをきって保存容器に入れ、冷蔵庫で保存する。

緑のサブおかず

キャベツのゆかりあえ

ゆかりであえるだけ
なのに、ついつい箸が進みます

材料（作りやすい分量）
キャベツ……300g
ゆかり……大さじ1

作り方
❶ キャベツは熱湯で2〜3分ゆで、ざるに上げて冷ます。
❷ ①の粗熱がとれたら、食べやすい大きさに切って水けを絞り、ゆかりであえる。
❸ 保存容器に入れ、冷蔵庫で保存する。

ブロッコリーのカレー蒸し

ごはんのおかずにもなるカレー風味
色が変わらないよう、早めに冷まします

材料（作りやすい分量）
ブロッコリー……1株
A
　固形スープのもと……1個
　水……大さじ4
　カレー粉……小さじ1
　塩……小さじ1/5

作り方
❶ フライパンにAを煮立て、小房に分けたブロッコリーを加える。フタをし、途中で上下を返しながら1分30秒蒸し煮にする。
❷ バットなどに移してなるべく早く冷まし、粗熱がとれたら汁けをきって保存容器に入れ、冷めてから冷蔵庫で保存する。

アスパラのピーナッツ炒め

どこかエスニック風の味わい
コリコリのピーナッツが楽しく、とまりません！

材料（作りやすい分量）
アスパラガス……1〜2束（10本）
ピーナッツ……50g
塩……小さじ1
こしょう……少々
サラダ油……大さじ1

作り方
❶ アスパラガスは根元のかたい皮をむいて幅1cmの斜め切り、ピーナッツは粗く刻む。
❷ フライパンにサラダ油を熱し、ピーナッツを強火で炒める。香ばしくなったら、アスパラガスを炒め合わせ、色が鮮やかになったら塩、こしょうを振る。
❸ 粗熱がとれたら保存容器に入れ、冷めてから冷蔵庫で保存する。

ししとうのごま炒め

ピリッとしたししとうに
しょうがのさわやかな辛みがマッチ

材料（作りやすい分量）
ししとう……300g
しょうがのみじん切り……1かけ分
白いりごま……大さじ3
塩……小さじ1
ごま油……大さじ1

作り方
❶ ししとうはヘタを切り落とす。
❷ フライパンにごま油を熱し、しょうが、①を炒める。しんなりしたら塩を振り、ごまを加えてひと混ぜする。
❸ 粗熱がとれたら保存容器に入れ、冷めてから冷蔵庫で保存する。

緑のサブおかず

枝豆のしょうゆ漬け

子どもにも人気の枝豆。さやから出すたびに
だしじょうゆの味が広がります

材料（作りやすい分量）
枝豆（冷凍）……200ｇ
A ｜ だし……1/2カップ
　｜ しょうゆ……大さじ2

作り方
❶ 枝豆は熱湯でさっとゆで、キッチンばさみで両端を切る。
❷ 鍋にAを入れて火にかけ、煮立ったら火を止め、そのまま冷ます。
❸ ②に①を加えて汁ごと保存容器に入れ、冷蔵庫で保存する。

小松菜と油揚げのいり煮

しみじみとおいしい和風の煮物
煮汁が染み込む油揚げをプラスし、おいしさUP

材料（作りやすい分量）
小松菜……2把（500ｇ）
油揚げ……1枚
A ｜ みりん……大さじ2
　｜ しょうゆ、酒……各大さじ1
　｜ 塩……小さじ1/3
白すりごま……大さじ3

作り方
❶ 小松菜は長さ4cmに切る。油揚げは熱湯で1分ゆでて油抜きし、水けをしっかり絞り、縦半分にして5mm幅に切る。
❷ フライパンにA、①を入れて火にかけ、汁けがなくなるまでいり煮にし、ごまを振る。
❸ 粗熱がとれたら保存容器に入れ、冷めてから冷蔵庫で保存する。

絹さやの塩びたし

和風だしが染み込んださっぱり味のおかず
きれいなグリーンはお弁当全体に華やぎをプラス

材料（作りやすい分量）
絹さや……300ｇ
A ｜ だし……1/4カップ
　｜ みりん……大さじ1
　｜ 塩……小さじ1

作り方
❶ 絹さやは筋をとり、さっとゆでる。
❷ フライパンにAを入れて火にかけ、煮立ったら①を加える。再び煮立ったら火を止め、バットなどに移して冷ます。
❸ 汁ごと保存容器に入れ、冷蔵庫で保存。

ピーマンの塩おかか煮

汁けがなくなるまでいりつけるのがコツ
水分を吸ってくれる削り節を加え、お弁当向きに

材料（作りやすい分量）
ピーマン……6個
削り節……2パック（6ｇ）
A ｜ みりん……大さじ1
　｜ 塩……小さじ1/2
　｜ しょうゆ……少々

作り方
❶ ピーマンは縦半分に切って種とヘタをとり、横に幅5mmに切る。
❷ 鍋に①、Aを入れ、中火でいりつける。しんなりしたら削り節を加え、混ぜる。
❸ 粗熱がとれたら保存容器に入れ、冷めてから冷蔵庫で保存する。

緑のサブおかず

いんげんのゆかりあえ

ゆでたいんげんをゆかりであえるだけ
超簡単なのに、彩りに歯ごたえにと大活躍

材料（作りやすい分量）
いんげん……300ｇ
ゆかり……小さじ2

作り方
❶ 塩少々（分量外）を加えた熱湯でいんげんを2分ほどゆで、ざるに上げる。
❷ ①の粗熱がとれたら、長さ3〜4cmに切り、ゆかりであえる。
❸ 保存容器に入れ、冷蔵庫で保存する。

コールスロー

レモン風味のマヨ味がおいしさの秘密！
キャベツがもりもり食べられます

材料（作りやすい分量）
キャベツ……1/2個
にんじん……1/2本
玉ねぎ……1/4個
塩……小さじ1
A｜マヨネーズ……1/3カップ
　｜オリーブ油……大さじ1
　｜レモン汁……小さじ2
　｜塩、こしょう……各少々

作り方
❶ キャベツ、にんじん、玉ねぎは粗みじん切りにし、塩を振って混ぜ、重しをしてしんなりするまでおく。
❷ ①の水けをしっかりと絞り、混ぜ合わせたAであえる。容器に入れ、冷蔵庫で保存。

和のサブおかず

ひじきの煮物

お弁当にするときは、絹さやで彩りをプラス
ゆで大豆入りで栄養も満点です

材料（作りやすい分量）
芽ひじき…（乾）30g
にんじん…1/2本
絹さや…50g
ゆで大豆…100g
A｜だし…1と1/2カップ
　｜酒…大さじ2
　｜砂糖、しょうゆ
　｜　…各大さじ1と1/2
サラダ油…大さじ1

作り方
❶ ひじきはたっぷりの水に15分ほど浸してもどし、洗って水けをきる。にんじんは長さ3cmの短冊切りにする。絹さやは筋をとり、さっとゆでて斜め半分に切る。
❷ 鍋に油を熱し、ひじき、にんじんを強火で炒め、油が回ったら大豆、Aを加えて煮る。煮立ったら中火にし、煮汁がほとんどなくなったら絹さやを加えてさっと混ぜる。
❸ 粗熱がとれたら保存容器に入れ、冷めてから冷蔵庫で保存する。

れんこんの塩きんぴら

シャキシャキ感がお弁当のアクセントに
しょうゆ味の主菜のサブにぴったり

材料（作りやすい分量）
れんこん……大1節（約300g）
A｜塩……小さじ1
　｜みりん……小さじ2
白いりごま……小さじ2
ごま油……大さじ1

作り方
❶ れんこんは皮をむき、厚さ5mmのいちょう切りにする。
❷ フライパンにごま油を熱し、①を入れ、少し色づくくらいまで強火で炒める。Aを加えていりつけ、ごまを振り、さっと炒め合わせる。
❸ 粗熱がとれたら保存容器に入れ、冷めてから冷蔵庫で保存する。

パプリカの揚げびたし

お弁当にうれしい、華やかおかず
熱いうちに汁に浸し、汁ごと保存がお約束

材料（作りやすい分量）
パプリカ（赤）……2個
A ┃ だし……1/2カップ
　 ┃ しょうゆ……大さじ1
　 ┃ 塩……小さじ1/2
　 ┃ みりん……大さじ1/2
揚げ油……適量

作り方
❶ パプリカは縦半分に切って種とヘタを除き、幅1cm長さ3〜4cmの短冊切りにする。
❷ 鍋にAを入れて火にかけ、煮立ったら火を止める。
❸ フライパンに揚げ油を1cmの深さまで入れ、①を20秒揚げ、熱いうちに②に浸す。
❹ 粗熱がとれたら汁ごと保存容器に入れ、冷めてから冷蔵庫で保存する。

きんぴらごぼう

ごはんが進む、甘辛おかずの代表
食物繊維のチャージにも！

材料（作りやすい分量）
ごぼう……1本
にんじん……1本
A ┃ しょうゆ、砂糖、酒……各大さじ1と1/2
ごま油……大さじ1
白いりごま……大さじ1

作り方
❶ ごぼうは皮をこすり洗い、長さ4〜5cmのせん切りにして水にさらし、水けをきる。にんじんも長さ4〜5cmのせん切りに。
❷ フライパンにごま油を熱し、ごぼうを強火で炒める。しんなりしたらにんじんを加えて炒め、全体に油が回ったらAを加えて汁けがなくなるまでいり煮にし、ごまを振る。
❸ 粗熱がとれたら保存容器に入れ、冷めてから冷蔵庫で保存する。

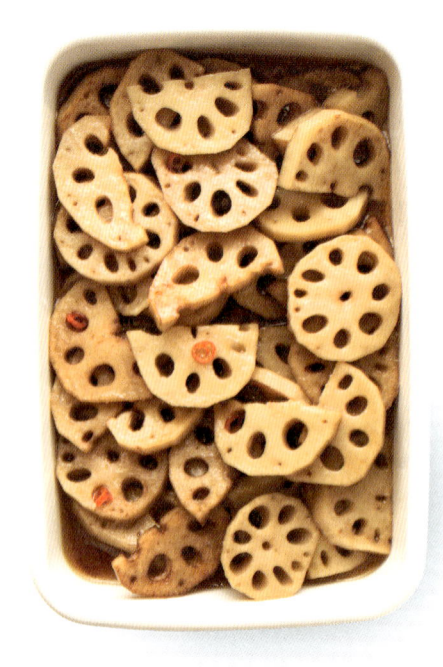

切り干し大根の煮物

体がよろこぶ、しみじみおかず
お弁当にするときは、少し甘めの味つけで

材料（作りやすい分量）
切り干し大根……（乾）60g
にんじん……1本
油揚げ……1枚
A ┃ だし……1と1/2カップ
　┃ 砂糖……大さじ2
　┃ しょうゆ……大さじ1
　┃ 塩……小さじ1/2
ごま油……大さじ1

作り方
❶ 切り干し大根はもみ洗いし、ひたひたの水に15分つけてもどし、水けを絞る。
❷ にんじん、油揚げはたんざく切りにする。
❸ 鍋にごま油を熱し、にんじん、①を炒める。全体に油が回ったら、A、油揚げを混ぜ、煮汁がほとんどなくなるまで中火で煮る。
❹ 粗熱がとれたら保存容器に入れ、冷めてから冷蔵庫で保存する。

れんこんの揚げびたし

歯ごたえが楽しいおかず
揚げびたしのときは少し厚めに切るのがおすすめ

材料（作りやすい分量）
れんこん……2節（約300g）
A ┃ だし……1カップ
　┃ しょうゆ、酒……各大さじ1
　┃ 塩……小さじ1/2
　┃ 赤とうがらしの小口切り……1本分
揚げ油……適量

作り方
❶ れんこんは皮をむき、厚さ6〜7mmに、大きいものは半月切りにする。
❷ 鍋にAを入れて火にかけ、煮立ったら火を止める。
❸ 180℃の揚げ油で①を2〜3分揚げてこんがりとさせ、熱いうちに②に浸す。
❹ 粗熱がとれたら汁ごと保存容器に入れ、冷めてから冷蔵庫で保存する。

和のサブおかず

なすの揚げびたし

辛みの利いた漬けだれがおいしさのツボ
ひと口ごとにジュワッとおいしさが広がります

なす……4本
A ┃ だし……1カップ
　┃ しょうゆ、みりん……各大さじ1
　┃ 塩……小さじ1/3
　┃ 赤とうがらしの小口切り……1本分
揚げ油……適量

作り方
❶ なすは縦半分に切り、皮目に格子状の切り込みを入れ、ひと口大に切る。
❷ 鍋にAを入れて火にかけ、煮立ったら火を止める。
❸ 揚げ油を200℃に熱し、①を入れ、薄く色づくまで揚げる。揚げたてを②に浸す。
❹ 粗熱がとれたら汁ごと保存容器に入れ、冷めてから冷蔵庫で保存する。

こんにゃくのピリ辛炒め

ダイエット中の人も安心して食べられます
削り節を多めにからめるとおいしい！

材料（作りやすい分量）
こんにゃく……1丁（350g）
赤とうがらしの小口切り……1本分
A ┃ しょうゆ……大さじ1と1/2
　┃ 酒……大さじ1
　┃ 砂糖……大さじ1/2
サラダ油……大さじ1/2
削り節……2パック（6g）

作り方
❶ こんにゃくはひと口大にちぎり、熱湯でゆでる。
❷ フライパンに油を熱し、水けをきった①を炒める。赤とうがらしを加えてひと炒めし、Aを加えて炒りつけ、削り節を混ぜる。
❸ 粗熱がとれたら保存容器に入れ、冷めてから冷蔵庫で保存する。

大学いも

ホクホクして甘～いレシピはお弁当の定番
揚げたてをたれにからめて

材料（作りやすい分量）
さつまいも……2本（400g）
A ┃ 砂糖、酒……各大さじ2
　┃ はちみつ……大さじ3
　┃ しょうゆ……大さじ1
　┃ 水……大さじ1
揚げ油……適量
黒いりごま……少々

作り方
❶ さつまいもは小さめのひと口大に切り、水にさらす。
❷ 揚げ油を170℃に熱し、①の水けをよくふいて入れ、3～4分かけて揚げる。竹ぐしがスーッと通ればOK。
❸ 鍋にAを入れて火にかけ、煮立ってとろりとしたら火を止め、揚げたての②を加えてあえ、ごまを振る。
❹ 粗熱がとれたら保存容器に入れ、冷めてから冷蔵庫で保存する。

しらたきのたらこ煮

たらこのプチプチ感が
つるつるしらたきのおいしさを引き立てます

材料（作りやすい分量）
しらたき……1袋（350g）
たらこ……1腹
A ┃ だし……大さじ3
　┃ 酒……大さじ2
　┃ みりん……大さじ1
　┃ しょうゆ……小さじ1

作り方
❶ しらたきは熱湯でゆでて臭みを抜き、食べやすい長さに切る。たらこは薄皮を除く。
❷ 鍋にA、①を入れ、よく混ぜてから中火にかけ、汁けがなくなるまでいり煮にする。
❸ 粗熱がとれたら保存容器に入れ、冷めてから冷蔵庫で保存する。

和のサブおかず

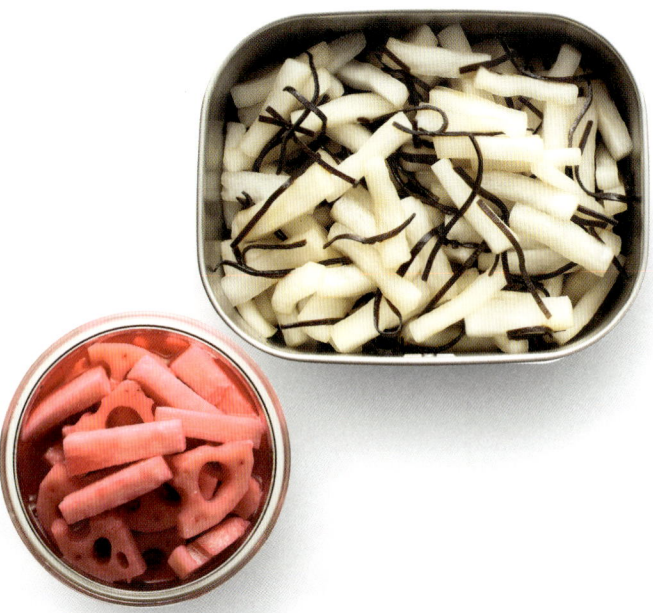

かぼちゃのレモン煮

レモンのおかげでさっぱり！
ホクホク感もクセになります

材料（作りやすい分量）
かぼちゃ……1/4個
A │ レモンの輪切り……3枚
　│ はちみつ……大さじ4

作り方
❶ かぼちゃは皮つきのまま小さめのひと口大に切り、さっと洗う。
❷ 鍋に①、A、水大さじ4を入れて火にかけ、フタをして煮立ったら中火で6～7分煮る。
❸ 粗熱がとれたら保存容器に汁ごと入れ、冷めてから冷蔵庫で保存する。

長いもとれんこんの梅酢漬け

赤梅酢に漬ければ色鮮やか！
サクサクの食感もおいしい

材料（作りやすい分量）
長いも……200g
れんこん……1節（150g）
A │ 赤梅酢……1/3カップ
　│ 砂糖……大さじ1
　│ 水……大さじ2

作り方
❶ 鍋にAを入れ、煮立てる。
❷ 長いもは長さ3cmの拍子木切りにする。れんこんは幅5mmのいちょう切りにし、さっとゆでて水けをきる。
❸ 保存容器に①、②を入れ、冷めたら冷蔵庫で保存。1時間以上おいて食べる。

大根の塩昆布漬け

塩けとうまみのある塩昆布を使えば味つけの失敗なし！

材料（作りやすい分量）
大根……1/3本（400g）
塩昆布……20g
塩……大さじ1/2

作り方
❶ 大根は長さ3cmの拍子木切りにする。
❷ ①に塩を振って混ぜ、重しをする。
❸ しんなりしたら水けを絞り、塩昆布をあえる。
❹ 保存容器に入れ、冷蔵庫で保存する。

洋・中・韓のサブおかず

ミックスピクルス

赤、黄、白。三色そろったカラフルおかず
まろやかな酸味が食欲をそそります

材料（作りやすい分量）
パプリカ（黄色）……1個
ミニトマト……1パック
うずらの卵（水煮）……12個
A
| 白ワインビネガーまたは酢…1/2カップ
| 水……1/4カップ
| 塩……小さじ1
| 砂糖……大さじ4
| ローリエ……1枚

作り方
❶ パプリカは縦半分に切って種とヘタをとり、ひと口大に切る。ミニトマトはヘタをとる。
❷ 鍋にAを入れて火にかけ、煮立ったら火を止める。
❸ ②が冷めたら①、うずらの卵を加える。
❹ 漬け汁ごと保存容器に入れ、冷蔵庫で保存する。

ポテトサラダ

大好きおかずのお弁当バージョンは
ブロッコリー入り。緑で色味よく仕上げます

材料（作りやすい分量）
じゃがいも…2個
玉ねぎ…1/4個
ブロッコリー…1/2株
コーン…1/2カップ
A
| オリーブ油……大さじ2
| 白ワインビネガーまたは酢……大さじ1/2
B
| マヨネーズ…1/2カップ
| 塩、こしょう…各少々

作り方
❶ じゃがいもは皮をむいて4等分にする。玉ねぎは薄切りにし、塩もみし、洗い流す。ブロッコリーは小房に分ける。
❷ ブロッコリーは30〜40秒塩ゆでにする。同じ湯でじゃがいもを10〜15分ゆで、やわらかくなったら湯を捨て、再び火にかけて鍋を振りながら、粉ふきにする。Aを振り混ぜ、冷ます。
❸ ②、玉ねぎ、コーンをBであえる。
❹ 保存容器に入れ、冷めたら冷蔵庫で保存。

きのこのマリネ

ピリリとしてさっぱり
それぞれ歯触りが違う3種のきのこを使って

材料（作りやすい分量）
しめじ…2パック
生しいたけ…6個
エリンギ…4本
にんにく…1かけ
赤とうがらし…1本
白ワイン…大さじ2
A｜レモン汁…小さじ1
　｜塩…小さじ1/2
オリーブ油…大さじ2

作り方
❶ きのこは石づきをとり、しめじは小房に分ける。しいたけは十字に4等分、エリンギは長さ2～3等分の薄切りにする。
❷ にんにくはたたきつぶし、赤とうがらしは半分に切って種を除く。
❸ フライパンに油、②を入れて弱火で炒め、香りが出てきたらにんにくをとり出す。
❹ ③で①をこんがりと炒め、ワインを加えてアルコールをとばし、火を止める。にんにくをもどし、Aを混ぜる。粗熱をとって汁ごと容器に入れ、冷めてから冷蔵庫で保存。

春雨サラダ

きゅうりは水けが出ないよう種を除く
お弁当おかずにするときのポイントです

材料（作りやすい分量）
春雨…80g
きくらげ…10枚
きゅうり…1本
にんじん…1/3本
塩…小さじ1/5
A｜しょうゆ…大さじ1と1/2
　｜酢…大さじ1
　｜砂糖…小さじ1
　｜ごま油…小さじ2
　｜赤とうがらしの小口切り
　｜　…少々

作り方
❶ 春雨は熱湯をかけ、5分ほどおいてもどし、しっかり水けをきる。きくらげは水でもどしてせん切りにする。
❷ きゅうりは縦半分に切って種を除き、斜め薄切りに。塩を振り、しんなりしたら水けを絞る。にんじんはせん切りにする。
❸ 熱湯でにんじん、きくらげをさっとゆでる。
❹ ボウルにAを入れて混ぜ、春雨、きゅうり、水けをきった③をあえる。粗熱がとれたら容器に入れ、冷めてから冷蔵庫で保存。

ミックスナムル

3色の野菜を入れたカラフル副菜
同じ湯ですべての野菜をゆでればラクチン

材料（作りやすい分量）
絹さや……150g
もやし……1袋
にんじん……1本
A ┃ ごま油……大さじ1
　┃ 塩……小さじ1
　┃ 白すりごま……大さじ1

作り方
❶ 絹さやは筋をとってせん切り、もやしはひげ根をとる。にんじんは長さ2～3等分のせん切りにする。
❷ たっぷりの熱湯に塩少々（分量外）を入れ、にんじんを入れる。1分したら絹さや、もやしを加え、煮立ったらざるに上げる。
❸ しっかりと水けをきり、混ぜ合わせたAであえる。
❹ 粗熱がとれたら保存容器に入れ、冷めてから冷蔵庫で保存する。

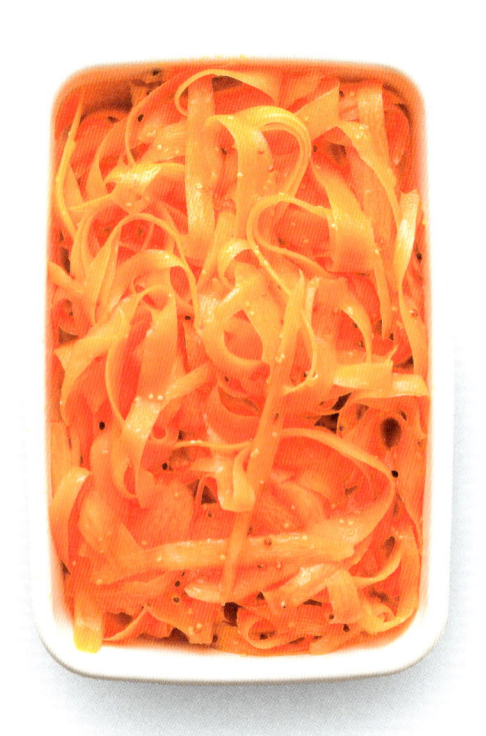

にんじんサラダ

粒マスタードの酸味とわずかな辛みが
味のポイント。おろし玉ねぎでうまみUP！

材料（作りやすい分量）
にんじん……2本
A ┃ 白ワインビネガーまたは酢……大さじ1
　┃ オリーブ油……大さじ3
　┃ 塩……小さじ1/2
　┃ おろし玉ねぎ……小さじ1
　┃ 粒マスタード……大さじ1/2

作り方
❶ にんじんはピーラーで薄く帯状に削る。耐熱容器に入れ、ラップをかけて電子レンジで2分加熱し、とり出して粗熱をとる。
❷ Aを混ぜ合わせ、①をあえる。
❸ 保存容器に入れ、冷蔵庫で保存する。

洋・中・韓のサブおかず

マカロニサラダ

あるとうれしいマヨ味おかず
にんじん、いんげんで見た目も華やか！

材料（作りやすい分量）
マカロニ……100g
いんげん……100g
にんじん……1/3本
玉ねぎ……1/4個
A │ マヨネーズ……1/2カップ
　│ 塩、こしょう……各少々

作り方
❶ いんげんは長さ3cmに切る。にんじんは5mm角の棒状に切る。玉ねぎは薄切りにし、塩少々（分量外）でもみ、水で洗う。
❷ 塩少々（分量外）を入れた熱湯でマカロニを表示よりも2分長くゆでる。ゆで上がる2分前にいんげん、にんじんを加えてざるに上げ、水けをきって粗熱をとる。
❸ ボウルに②、玉ねぎを入れ、Aであえる。
❹ 保存容器に入れ、冷蔵庫で保存する。

ミックスビーンズのマリネ

ヘルシーな豆おかずも缶詰なら手軽
赤玉ねぎの食感がいっそうおいしくしてくれます

材料（作りやすい分量）
ミックスビーンズ（缶）……1缶（400g）
いんげん…100g
赤玉ねぎ…1/2個
A │ 卵黄…1個分
　│ おろしにんにく…少々
　│ 白ワインビネガー
　│ 　または酢…小さじ1
　│ 塩…小さじ1と1/2
　│ オリーブ油…大さじ4
　│ こしょう…少々

作り方
❶ ミックスビーンズは水けをきる。いんげんはゆでて長さを3〜4等分に切る。赤玉ねぎはみじん切りにする。
❷ ボウルにAのオリーブ油以外を入れ、泡立て器でよく混ぜ、オリーブ油を少しずつ加えてさらに混ぜる。
❸ ②に①を加え、あえる。
❹ 汁ごと保存容器に入れ、冷蔵庫で保存。
※夏場のお弁当には避けましょう。

チャプチェ

韓国の人気おそうざいを簡単にアレンジ
つるつる、サクサク、歯応えも楽しい

材料（作りやすい分量）

春雨…100g	しょうゆ…大さじ2
絹さや…100g	砂糖…小さじ1/2
にんじん…1/2本	A おろしにんにく…少々
生しいたけ…4枚	ごま油…大さじ1
玉ねぎ…1/2個	ごま油…大さじ1
	塩、こしょう…各少々

作り方

❶ 春雨は熱湯をかけ、5分おいてもどし、しっかり水けをきる。絹さやは筋をとって斜め半分、にんじんは細切りに。しいたけは軸をとって薄切り、玉ねぎも薄切りにする。
❷ フライパンにAを入れて火にかけ、煮立ったら春雨を加えて煮からめ、ボウルに移して冷ます。
❸ フライパンにごま油を熱し、野菜を炒め、塩、こしょうを振る。②に加えて混ぜる。
❹ 粗熱がとれたら保存容器に入れ、冷めてから冷蔵庫で保存する。

かぼちゃのサラダ

かぼちゃはレンジ加熱すれば手間いらず
コリコリ松の実で、グレードＵＰ

材料（作りやすい分量）

かぼちゃ……1/4個
ベーコン……4枚
玉ねぎ……1/2個
松の実……大さじ3
A ヨーグルト、マヨネーズ……各大さじ3
　塩、こしょう……各少々
サラダ油……小さじ1

作り方

❶ かぼちゃは種とワタ、皮を除く。耐熱容器に入れ、ラップをふわっとかけて電子レンジで6分加熱する。
❷ ベーコン、玉ねぎは薄切りにする。
❸ フライパンに油を熱し、②、松の実を入れ、玉ねぎがしんなりするまで中火で炒める。
❹ ①の水けをきり、③、Aを加え、かぼちゃを軽くつぶしながらあえる。粗熱がとれたら容器に入れ、冷めてから冷蔵庫で保存。

洋・中・韓のサブおかず

赤玉ねぎのピクルス

鮮やかな色合いは彩りおかずに最適
酸味、辛みの中にほのかな甘みも

材料（作りやすい分量）
赤玉ねぎ……2個
A｜白ワインビネガーまたは酢
　　……1/2カップ
　｜水……大さじ3
　｜はちみつ……大さじ2
　｜白ワイン……大さじ1
　｜塩……小さじ1
　｜赤とうがらし……1本

作り方
❶ 赤玉ねぎはひと口大に切る。
❷ 保存容器にAを入れて混ぜ、①を加え、冷蔵庫で保存する。30分以上おいてから食べる。

ごぼうのマヨサラダ

食物繊維たっぷり！
最近、野菜不足かな、ってときにも

材料（作りやすい分量）
ごぼう……2本
にんじん……1/3本
しょうゆ……小さじ2
A｜マヨネーズ……1/3カップ
　｜白すりごま……大さじ2
　｜塩、こしょう……各少々

作り方
❶ ごぼうは皮をこすり洗い、にんじんと共に長さ4〜5cmのせん切りにする。
❷ 熱湯で①を3〜4分ゆで、ざるに上げて水けをきり、しょうゆを全体にからめる。
❸ Aを混ぜ合わせ、②をあえる。
❹ 保存容器に入れ、冷めてから冷蔵庫で保存する。

大根の中華風漬け物

花椒のスーッとした辛みがポイント
こってりおかずのサブにどうぞ

材料（作りやすい分量）
大根……12cm
にんじん……1/2本
しょうが……1かけ
A｜花椒……小さじ1
　｜しょうゆ……大さじ5
　｜酢、砂糖……各大さじ2

作り方
❶ 大根とにんじんは長さ4cm、7〜8mm角に切る。しょうがは薄切りにする。
❷ 保存容器に①、Aを入れ、冷蔵庫で保存する。30分以上おいてから食べる。

手作りふりかけ

※ふりかけの保存の目安は、すべて冷蔵で1週間、冷凍で1カ月。

にんじんとたらこのふりかけ

鮮やかなオレンジ色の正体は、にんじん
たらこの風味で食べやすくなります

材料（作りやすい分量）
にんじん……1本
たらこ……1腹
酒、みりん……各大さじ1
塩……小さじ1/3

作り方
❶ にんじんはすりおろす。たらこは薄皮を除く。
❷ フライパンにすべての材料を入れ、中火にかけて箸でいりつける。パラパラになったら、火を止める。
❸ 粗熱がとれたら保存容器または袋に入れ、冷めてから冷蔵庫または冷凍庫で保存。

青菜とじゃこのふりかけ

お弁当にグリーンが足りないときにもお役立ち！
日持ちするよう、バラバラになるまでいりつけて

材料（作りやすい分量）
小松菜……1把（250g）
A ┃ ちりめんじゃこ……50g
　 ┃ みりん……大さじ1
　 ┃ 塩、しょうゆ……各小さじ1/2

作り方
❶ 小松菜は熱湯でさっとゆで、水にとって絞り、みじん切りにする。
❷ フライパンに①を入れ、中火にかけて箸でいりつける。ほぐれて水けがとんできたら、Aを加え、水分が飛んでパラリとするまでいる。
❸ 粗熱がとれたら保存容器または袋に入れ、冷めてから冷蔵庫または冷凍庫で保存。

おかかふりかけ

だしをとった後の削り節があったら、ぜひ！
プチプチのごま、うまみ十分な塩昆布もマスト

材料（作りやすい分量）
花がつお（だしがら）……100g
塩昆布（細切り）……10g
白いりごま……大さじ2
A │ しょうゆ……大さじ1
　 │ 砂糖、みりん……各大さじ1/2

作り方
❶ だしがらはフードプロセッサーにかけるか、包丁で細かく刻む。
❷ フライパンに①、Aを入れて中火にかけ、箸でいりつける。ポロポロになったら火を止め、塩昆布、ごまを混ぜる。
❸ 粗熱がとれたら保存容器または袋に入れ、冷めてから冷蔵庫または冷凍庫で保存。

ひじきとカリカリ梅の しそ風味ふりかけ

体にいいことだらけのひじきがたっぷり食べられる！
小梅ならではのカリカリ感もおいしい

材料（作りやすい分量）
芽ひじき……（乾）15g
カリカリ小梅……20個
青じそ……10枚
白いりごま……大さじ2
A │ だし……1カップ
　 │ みりん……大さじ1
　 │ しょうゆ……小さじ1
　 │ 塩……小さじ1/2

作り方
❶ ひじきはたっぷりの水に15分ほどつけてもどし、洗って水けをきる。小梅は種を除き、細かく刻む。青じそはみじん切りにする。
❷ 鍋にひじき、Aを入れて中火にかけて煮る。汁けがほとんどなくなったら火を止める。
❸ 冷めたら、小梅、青じそ、ごまを加え、混ぜる。
❹ 粗熱がとれたら保存容器または袋に入れ、冷めてから冷蔵庫または冷凍庫で保存。

お弁当便利帳 2

同じおかずでお弁当の印象を変える詰め方

複数のお弁当を作るとき、食べる人に合わせてそれぞれ別のおかずを作るのは大変！
そこで、同じおかずでも印象をガラリと変える詰め方を紹介します。

Case 1　えびマヨ味から揚げ＋セロリの漬け物＋万能ねぎ卵焼き (p.24)

園児には
から揚げを小さく切っておにぎりの具にしてにぎり、天むす風に！　卵焼きにはピックを刺して食べやすく。

お父さんには
そのまま詰める。ごはんには市販の漬け物をのせて、味のポイントに。

Case 2　豚肉のしょうが焼き＋マカロニサラダ＋青のり卵焼き (p.32)

中高生男子には
しょうが焼きの量を多めにし、ごはんの上にのせる。副菜、卵焼きを添えて。

中高生女子には
深さのあるお弁当箱に、ごはん、サラダ菜やサニーレタス、しょうが焼きを細かく切ってマカロニサラダとあえたものを順に詰め、カフェ弁風に！　卵焼きは端に添えて。

Case 3　ビビンパ弁当（ミックスナムル）＋紅しょうが卵焼き (p.43)

中高生男子には
牛肉の量を多めにしてごはんにのせ、ミックスナムルものせる。白菜キムチものせるとよりパンチのある味に。卵焼きを添えて。

メタボのお父さんには
牛肉の量を減らしてミックスナムルと混ぜて少なさを目立たなくし、ごはんにのせる。卵焼きも小さめに切ってごはんにのせる。もちろん、お弁当箱は大きすぎないものを。

Part 3 作りおきおかずがない！ときの
のりきり弁当

作りおきのおかずが何もない！　買い物もしていない！　そんなときにお役立ちのパパッとできるお弁当です。といっても、もちろん見栄えばっちり、味も満点なものばかり。卵焼きといり卵の作り方の基本も併せてご紹介します。

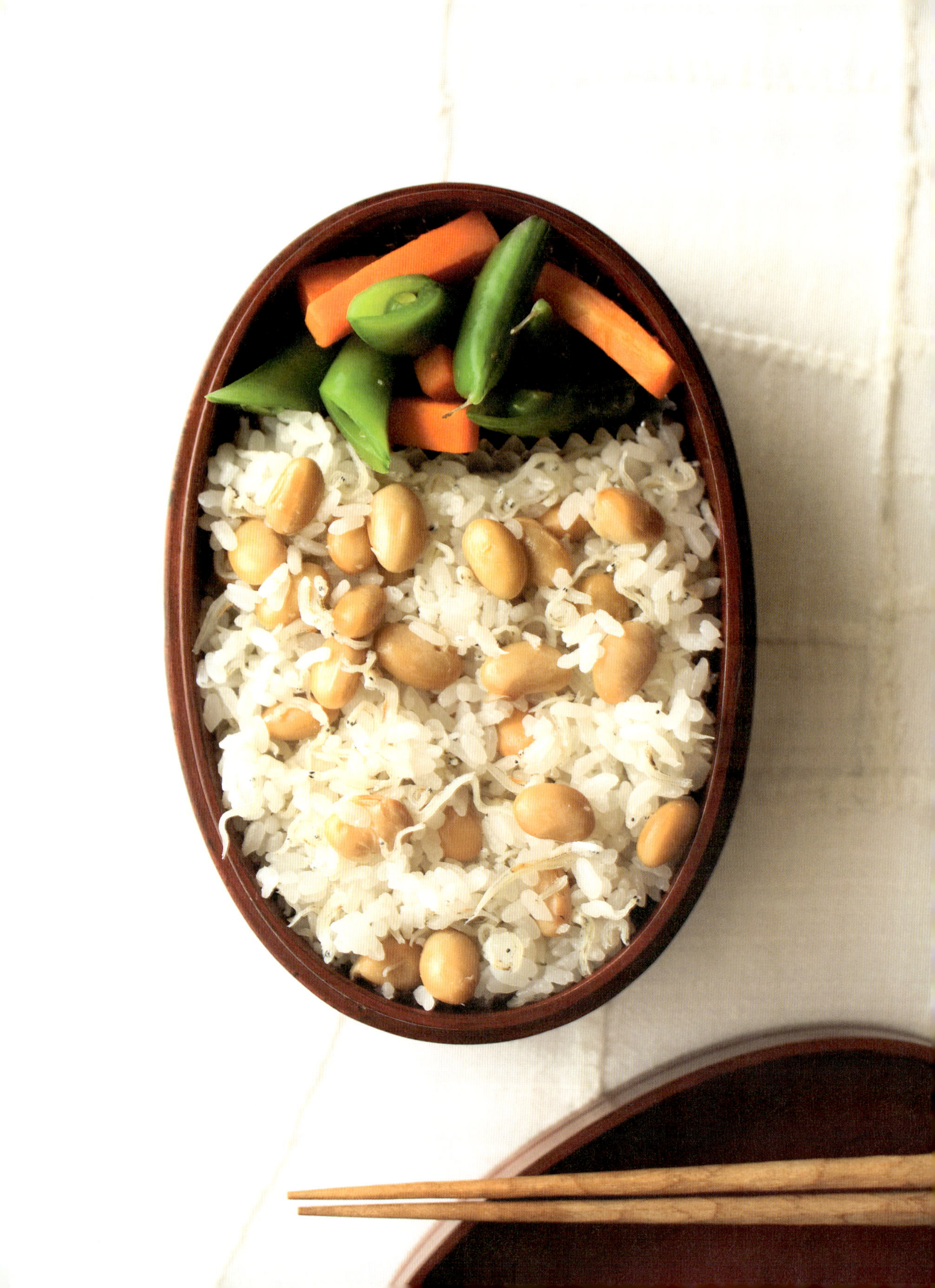

じゃこと大豆の炊き込みごはん弁当

おかずがな〜んにもなくても大満足の炊き込みごはん
前日にすべてを炊飯器にセットしておけば、朝は詰めるだけ！

じゃこと大豆の炊き込みごはん

材料（2〜3人分）
米……2合（360ml）
ちりめんじゃこ……50g
ゆで大豆……1缶（140g）
A｜塩……小さじ1/2
　｜酒……大さじ1

作り方
❶ 米は洗い、ざるに上げる。
❷ 炊飯器に①、水を2合の線まで入れて30分以上おく。Aを混ぜ、じゃこ、水けをきったゆで大豆をのせて普通に炊く。
❸ 炊き上がったらよく混ぜ、お弁当箱に詰めて冷ます。

ゆで野菜

材料（1人分）
スナップえんどう……5本
にんじん……1/5本

作り方
❶ スナップえんどうは筋をとり、長さを半分に切る。にんじんは長さ4〜5cmの拍子木切りにする。
❷ フライパンに水1/2カップ、塩小さじ1/2（分量外）を入れて火にかけ、煮立ったら①を加えて2〜3分ゆで、ざるに上げてよく水けをきる。

POINT
材料をすべて炊飯器に入れ、タイマーをセットしておく。

タイムテーブル
炊飯器にごはんをセット（前日）→ごはんを詰める→ゆで野菜を作る→冷ます→詰める

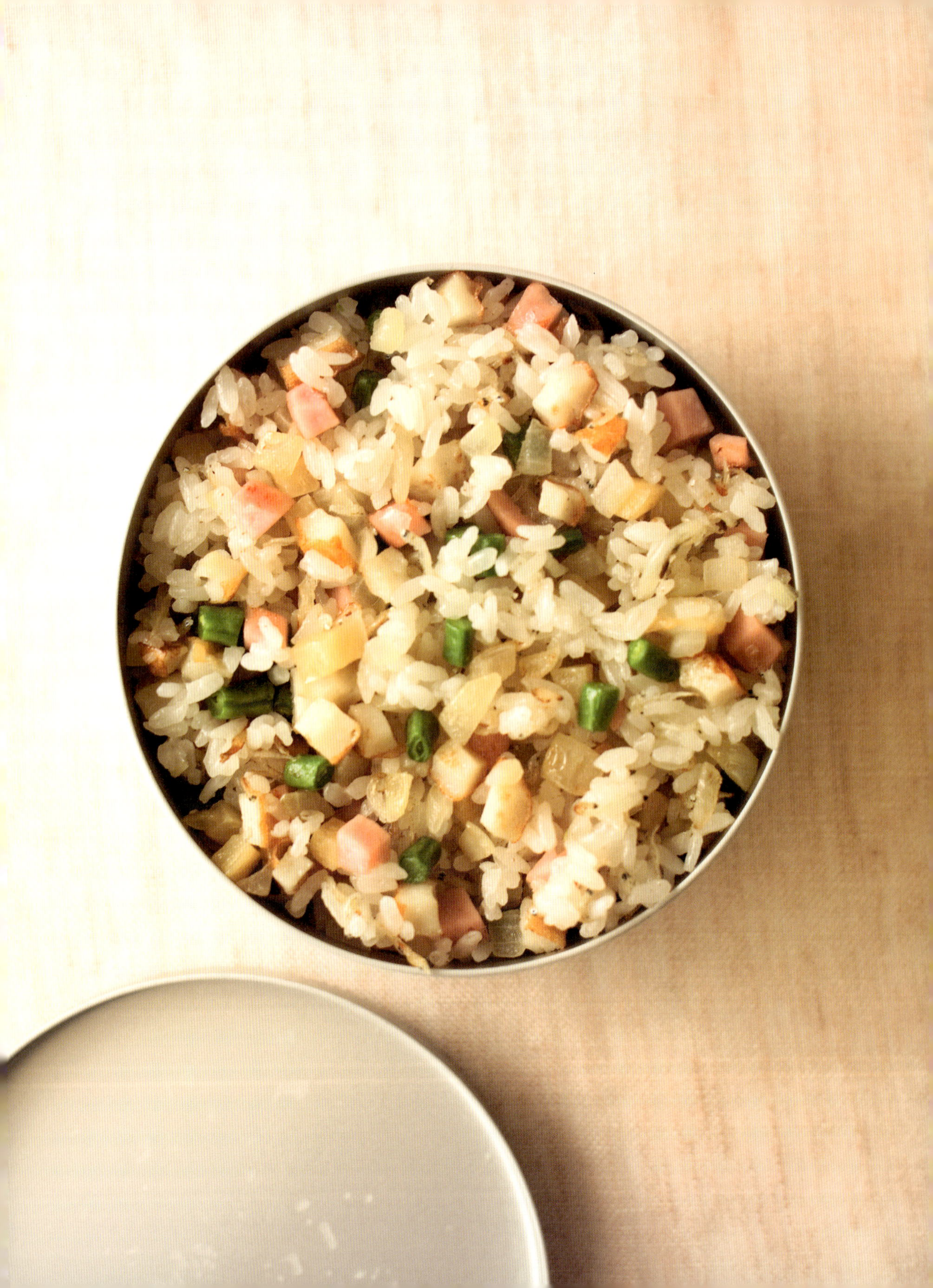

あり合わせチャーハン弁当

冷蔵庫にあるものをザクザク刻んで作る、お助けチャーハン
じゃこなど味が出るものを入れると、ぐんとおいしくなります

チャーハン

材料（1人分）
ちくわ……1本
魚肉ソーセージ……1/2本
たくあん……3cm
ちりめんじゃこ……10g
いんげん……5本
玉ねぎ……1/4個
ごはん……適量（約200g）
塩、こしょう……各少々
ごま油……大さじ1

作り方
❶ 材料はすべて粗みじんに切る。
❷ フライパンにごま油を熱し、①を中火で炒める。しんなりしてきたら、ごはんを加え、パラパラになるまで炒め合わせる。
❸ 塩、こしょうで味を調える。

POINT
材料はすべて粗みじんに切る。冷蔵庫の中にあるもので！

タイムテーブル
チャーハンを作る→冷ます→詰める

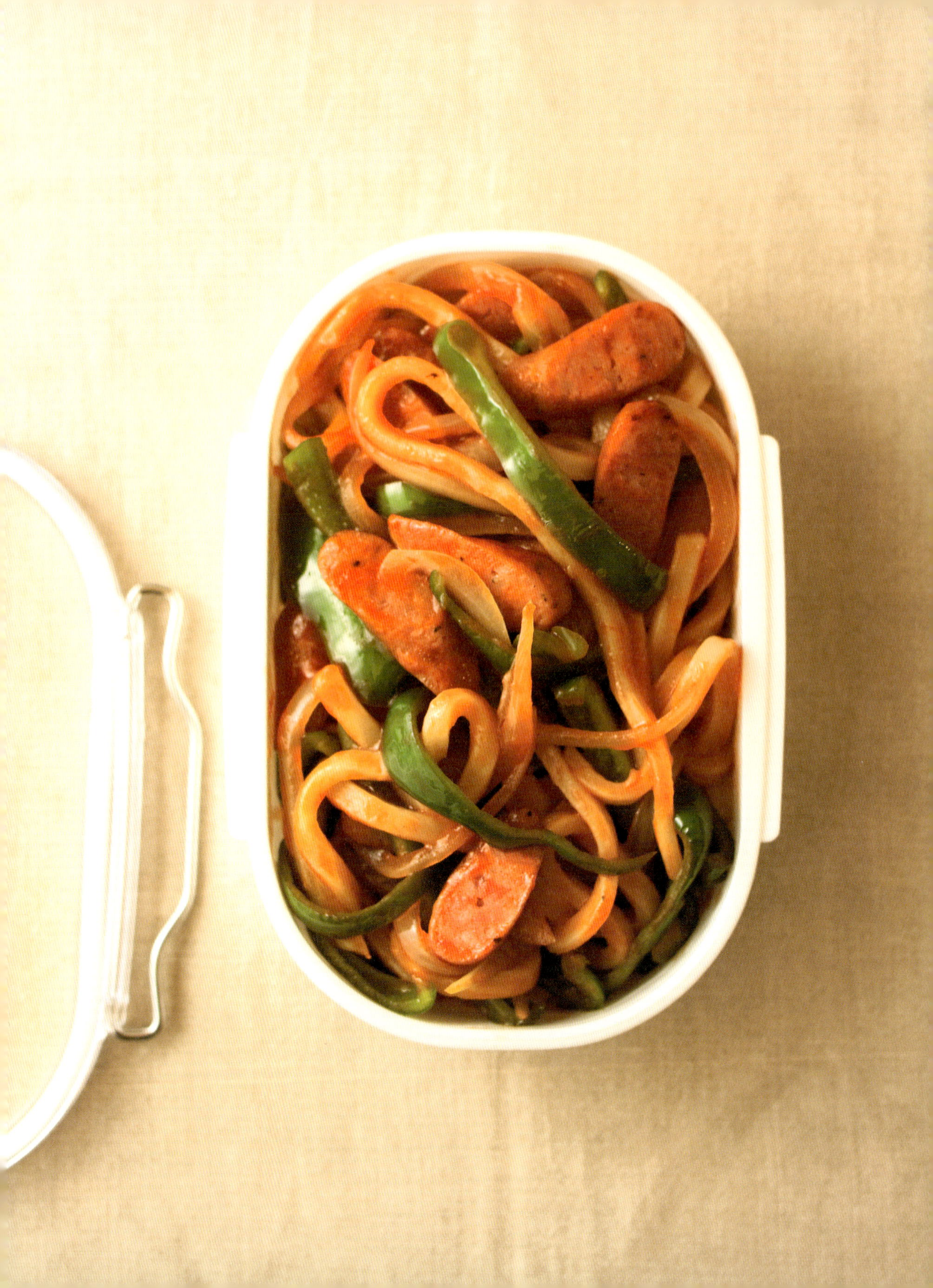

のりきり弁当

うどんのナポリタン風弁当

寝坊した朝も、ゆでる手間がいらない冷凍うどんなら大丈夫
ケチャップの香りと甘みが食欲をそそる、ナポリタン味で！

うどんのナポリタン風

材料（1人分）
冷凍うどん……1玉
ウインナー……4本
玉ねぎ……1/4個
ピーマン……2個
A｜トマトジュース……大さじ2
　｜トマトケチャップ……大さじ3
　｜しょうゆ……小さじ1
サラダ油……大さじ1

作り方
❶ 冷凍うどんは熱湯をかけて解凍する。
❷ ウインナーは斜め薄切り、玉ねぎは薄切り、ピーマンは種とヘタをとって細く切る。
❸ フライパンにサラダ油を熱し、②を中火で炒め、しんなりしたらAを加えて2分ほど炒める。
❹ 水けをきった①を加え、全体に炒め合わせる。

POINT
冷凍うどんは熱湯をかけて解凍する。ざるにのせ、ザーッと熱湯をかけて。

タイムテーブル
うどんのナポリタン風を作る→冷ます→詰める

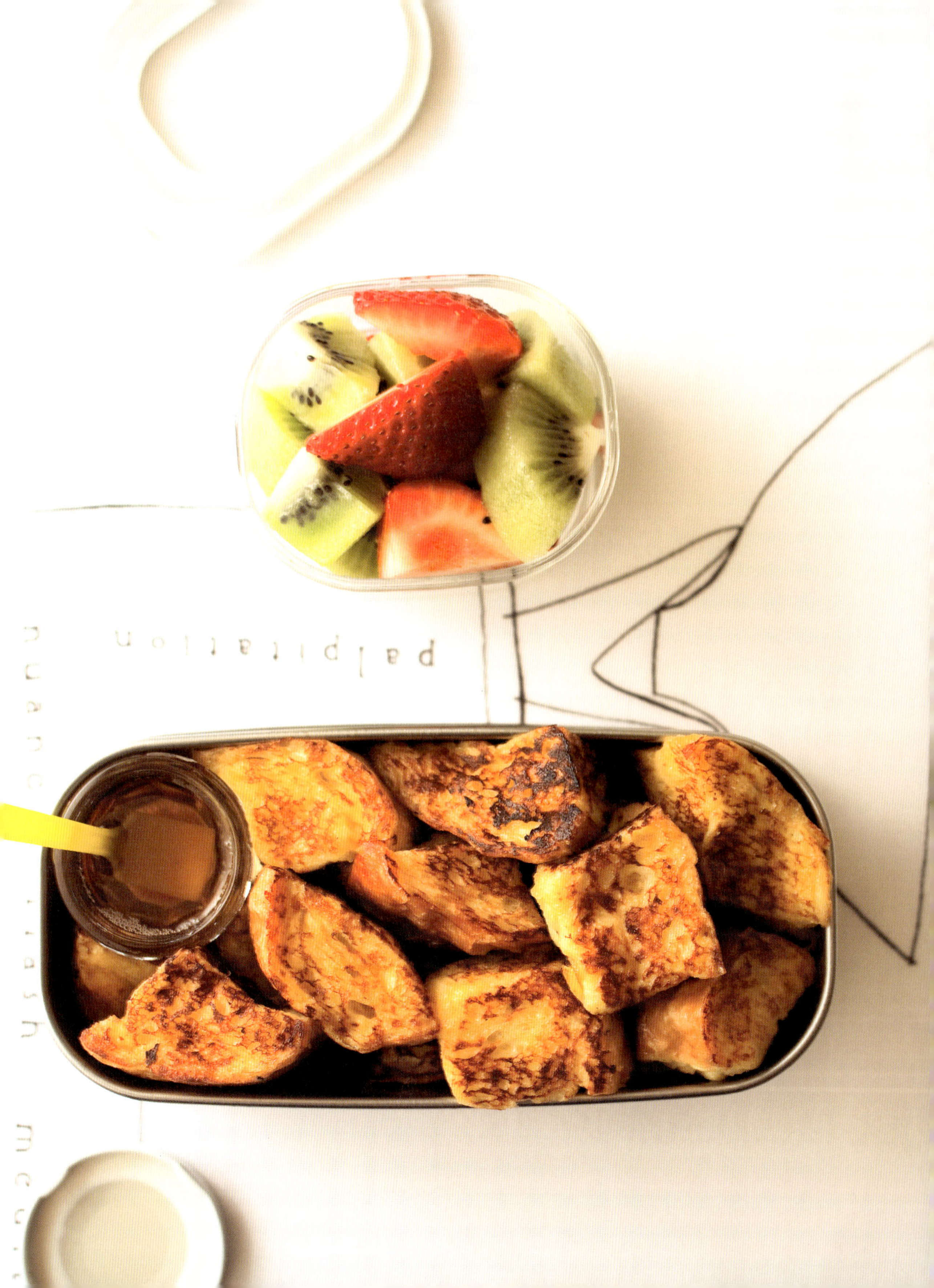
palpitation
nuance
flash

フレンチトースト弁当

ごはんも、野菜も肉もな〜んにもない！　そんなときに大活躍
お助け弁当のハズが、中高生女子に絶大な人気です

フレンチトースト

材料（1人分）
フランスパン……80g
A ┃ 卵……1個
　┃ 牛乳……1/2カップ
　┃ 生クリーム（あれば）……大さじ2
　┃ メープルシロップ……大さじ1
メープルシロップ……適量

作り方
❶ フランスパンはひと口大に切る。
❷ バットなどにAを入れて混ぜ、①を浸し、ときどき返す。
❸ パンが卵液をすべて吸ったら、フライパンに②をのせ、中火で両面がこんがりと色づくまで焼く。メープルシロップは別容器に入れ、食べるときにかける。
※鉄製フライパンのときはバター5gを溶かして焼く。

POINT
バットや皿に卵液の材料を入れて混ぜ、フランスパンを浸す。途中、上下を返して全体に卵液を染み込ませる。

いちご、キウイ

⏰ タイムテーブル

卵液にパンを浸す→フルーツを切り、詰める→焼く→冷ます→詰める

卵のおかずの基本

このページでは、いり卵と卵焼きの基本の作り方をおさらいします。
基本をマスターしたら、後は好きな具を入れてアレンジしてください。

基本のいり卵

材料（1人分）
卵……1個
A │ 砂糖……小さじ1
　│ 塩……2つまみ
　│ 酒……大さじ1/2

① フライパン（直径16〜18cm）に卵を割りほぐし、Aを加える。火にかけずに、菜箸3〜4本で混ぜ合わせる。

② よく混ざったら中火にかけ、菜箸3〜4本で混ぜる

③ ポロポロになるまで、中までしっかり火を通す。

卵のおかず

基本の卵焼き（甘辛味）

卵……1個
A ｜ だしまたは水……大さじ1
　｜ 砂糖……大さじ1/2
　｜ しょうゆ……小さじ1/2
サラダ油……適量（小さじ1/2くらい）

❶ ボウルにAの調味料を入れてよく混ぜ、卵を加えて溶きほぐす。こうすると、味が全体にまんべんなく行きわたる。具を入れる場合は、ここで加える。

❷ 卵焼き器に油を全体に薄く引いてよく熱し、①の半量を入れて全体に広げる。

❸ 表面がほぼ乾いたら、手前にくるくると巻く。

❹ あいたところに油を薄く引き（ペーパータオルなどを使うといい）、卵焼きを奥に寄せる。

❺ 手前のあいたところにも同様に油を薄く引く。

❻ 残りの卵液を流し入れ、焼いた卵を持ち上げて、その下にも卵液を流す。

❼ 表面がほぼ乾いたら、手前にくるくると巻く。そのまま少しおき、全体に火を通す。冷めてから切り分ける。さらにきれいに仕上げたい場合は、巻きすで巻いてから切る。

119

卵のおかずカタログ

チーズいり卵（p.57）

枝豆いり卵（p.17）

カニかまいり卵（p.16）

ミックスベジタブルいり卵（p.57）

トマト卵焼き（p.16）

京風だし巻き卵焼き
（p.23）

万能ねぎ卵焼き（p.26）

塩ごま油卵焼き（p.19）

えのき梅干し卵焼き（p.29）

みそ味卵焼き（p.29）

卵のおかず

たらこ卵焼き（p.27）

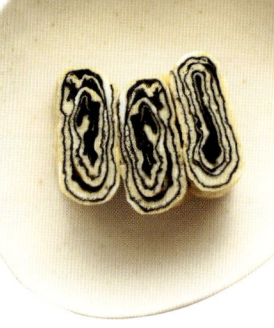

焼きのり卵焼き（p.63）

わかめチーズ卵焼き（p.54）

ブロッコリー卵焼き（p.55）

たこ焼き風卵焼き（p.61）

青のり卵焼き（p.33）

しば漬け卵焼き（p.47）

なめたけ卵焼き（p.35）

紅しょうが卵焼き（p.45）

高菜卵焼き（p.37）

卵のおかずカタログ

クリームコーン卵焼き（p.37）

桜えび卵焼き（p.47）

ピザ味卵焼き（p.45）

のりの佃煮卵焼き（p.69）

青じそ卵焼き（p.41）

絹さや卵焼き（p.71）

わかめ梅干し卵焼き（p.80）

ハム卵焼き（p.73）

グリンピース卵焼き（p.73）

たくあん卵焼き（p.81）

卵のおかず

しらす卵焼き（p.83）

キャベツ卵焼き（p.81）

魚肉ソーセージの卵焼き（p.83）

ゆで卵のみそがらめ（p.63）

卵サラダ（p.27）

うずら卵の梅酢漬け（p.44）

うずら卵のしょうゆ漬け（p.77）

目玉焼き（p.19）

絹さや卵（p.65）

123

1カ月のお弁当カレンダー

	月 (Mon.)	火 (Tue.)
第1週	ケチャップソース味ハンバーグ弁当 (p.13)	鮭の南蛮漬け弁当 (p.69)
第2週	えびフライ弁当 (p.61)	豚肉のしょうが焼き弁当 (p.33)
第3週	から揚げ塩こしょう味弁当 (p.23)	かじきのサラダ弁当 (p.77)
第4週	三色弁当 (p.51)	かじきのカレーマヨあえ弁当 (p.81)

1カ月分のお弁当の献立例をカレンダーにしてみました。ポイントは肉おかずが主菜の次の日は、魚おかずにすることくらい。でも、ときには続いてしまっても、味つけをガラリと変えれば大丈夫です。

	水 (Wed.)	木 (Thu.)	金 (Fri.)
	肉だんごのオイスターソース炒め弁当 (p.16)	鮭のちらし寿司弁当 (p.71)	フレンチトースト弁当 (p.117)
	えびフライのり巻き弁当 (p.63)	ポークチャップ弁当 (p.37)	豚肉とにんじんのサンドイッチ弁当 (p.37)
	チキン南蛮弁当 (p.27)	かじきのチリソース煮弁当 (p.81)	あり合わせチャーハン弁当 (p.113)
	ミートソースパスタ弁当 (p.57)	かぼちゃのそぼろ煮弁当 (p.55)	じゃこと大豆の炊き込みごはん弁当 (p.111)

125

お弁当のここが知りたい！Q&A

せっかく作ったお弁当。おいしく食べてもらいたいですよね。
ということで、お弁当のありがちな悩みを解決します！

Q お弁当を作るときの基本は？

A お弁当に入れるおかずは、よく火を通して完全に冷ましてから詰めること、おかず同士の温度差をなくしてから詰めることが基本です。また、詰めるときは必ず箸で詰めることや、調理器具やお弁当箱に菌がつかないよう清潔にしておくことも鉄則。肉や魚を調理したまな板や包丁は、よく洗ってから次に使うようにしましょう。

作ってから時間をおいて食べるので、手で詰めるのはNG！必ず清潔な箸で詰めて。

半熟がおいしい卵のおかずも、お弁当のときは中までしっかり火を通す。

Q 「汁もれしたよ！」と毎日のように叱られます。どうしたら、汁もれを防げますか？

A 汁けをきるには、①ペーパータオルの上にのせる、②ざるに上げる、③煮物や炒め物は味をしっかり煮からめる、④汁けを吸う素材＝削り節やカットわかめ、すりごまなどをおかずの下に敷く、などの方法があります。汁もれは、ほかのおかずと味が混じっておいしさを損なうだけでなく、傷む原因にもなります。しっかり汁けをきってからお弁当箱に詰めましょう。

煮物や炒め物はペーパータオルの上にのせる。

レンジで再加熱した後、たれをからめるときは、汁けをよく飛ばすように混ぜる。

Q 夏のお弁当で気をつけることは？傷みにくくする方法を教えて！

A 殺菌や防腐作用のある酢のおかずを入れると効果的です。ごはんを炊くときに梅干しをのせて炊くのもいいでしょう。また、アルミカップやケースを利用し、おかずの味移りをなくすと、腐敗を防ぐことにもなります。夏場に限りませんが、お弁当箱は持ち帰ったらすぐに、すみずみまできれいに洗うことが大切です。

ごはんを炊くときに梅干しをのせるだけ。炊き上がったら種を除き、全体に混ぜる。梅干しが苦手な場合は、炊き上がったらとり除いても。

アルミカップやケースに入れると、味移りの心配も少なくなる！

Q きれいに詰めたはずなのに「片寄っていた！」といわれてしまいます。

A すき間がないように詰めるのはもちろんですが、アルミカップやケースを上手に利用するのもテです。アルミホイルのギザギザ同士を合わせると、動きにくくなるんですよ。また、そのまま詰めるだけのチーズやミニトマトを入れてすき間がないようにするのもいいでしょう。

ギザギザの凹凸を合わせると、動きにくい！

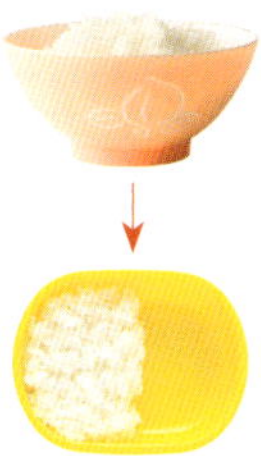

Q お弁当箱は、どのくらいの大きさを選べばいいのですか？

A いつも食べているごはんの量が、お弁当箱全体の1/2ぐらいになる大きさのお弁当箱を選びましょう。ただ、園児は親から離れて食べる初めての食事なので、「全部食べられた！」という自信をつけてあげることが何より大切。小さすぎるかな？くらいのお弁当箱からはじめて、様子を見るといいでしょう。中学生や高校生男子など、ごはんをたくさん食べたい人には1/2より多く詰めてあげても。

園児のお弁当箱は、230ml〜450mlが目安。ごはんの量を目安に選ぶ。

中高生男子は700〜800mlのお弁当箱を使う人も！ 運動量なども考慮し、子どもと相談するのがベスト。

藤井　恵　ふじい　めぐみ

料理研究家。管理栄養士。
1966年神奈川県生まれ。女子栄養大学卒業。作りやすくて栄養のバランスを考えたおしゃれな料理が人気。センスのよい暮らしぶりにもファンが多い。夫、2人の娘の4人暮らし。
本書には、娘さん2人のお弁当を15年もの間、毎朝作り続けた著者ならではのアイデアが詰まっている。
著書は『シリコンなべつき使いこなしBOOK』『藤井さんちの卵なし、牛乳なし、砂糖なしのおやつ』（以上、主婦の友社）『おかずスープ』（地球丸）『野菜たっぷり、のおつまみとおかずの本』（主婦と生活社）など多数。
http://www.fujiimegumi.jp

アートディレクション・デザイン／高市美佳
撮影／松島 均
スタイリング／坂上嘉代
編集／飯村いずみ

作りおきでおいしい 日替わり弁当

2011年 3月30日第1刷発行
2015年 3月10日第11刷発行

著書	藤井 恵
発行者	中村 誠
印刷所	図書印刷株式会社
製本所	図書印刷株式会社
発行所	株式会社 日本文芸社
	〒101-8407　東京都千代田区神田神保町1-7
	TEL 03-3294-8931（営業）　03-3294-8920（編集）

Printed in Japan　112110301-112150217Ⓝ11
ISBN978-4-537-20884-9
URL　http://www.nihonbungeisha.co.jp/
ⒸMegumi Fujii　2011

編集担当　吉村

乱丁・落丁本などの不良品がありましたら、
小社製作部までお送りください。
送料小社負担にておとりかえいたします。
法律で認められた場合を除いて、本書からの複写・転載（電子化を含む）は禁じられています。また、代行業者等の第三者による無断での
電子データ化および電子書籍化はいかなる場合も認められていません。